Neueröffnetes/ wunderſames
Arzenei-Käſtlein.

Fakſimilierte Ausgabe

Fakſimile-Edition
im F. Engliſch Verlag
Wiesbaden

Neueröffnetes/ wundersames
Arzenei-Kästlein/

darin
allerlei gründliche Nachrichten/
wie es unsere Voreltern
mit den

Heilkräften der Thiere

gehalten haben/ zu finden sind.
Durch

William Marshall.

Zu Leipzig verlegt's
A. TWIETMEYER.
1894.

ISBN 3-88140-091-5

Printed in Germany

10987654321

Seinen

drei Leipziger „offizinellen" Freunden,

den Herren Doctoribus

Fritz Elsner,

Woldemar Lößner,

und

Max Marsson

widmet die folgenden Blätter

der Verfasser.

Motto als Vorrede:

Wagner .... es ist ein groß Ergetzen,
Sich in den Geist der Zeiten zu versetzen,
Zu schauen, wie vor uns ein weiser Mann gedacht,
Und wie wir's dann zuletzt so herrlich weit gebracht.

Faust: O ja, bis an die Sterne weit!
Mein Freund, die Zeiten der Vergangenheit
Sind uns ein Buch mit sieben Siegeln;
Was ihr den Geist der Zeiten heißt,
Das ist im Grunde nur der Herren eigener Geist,
In dem die Zeiten sich bespiegeln.

Schlangenfleisch aus sumpf'gem Ried
In dem Kessel koch' und sied';
Molch-Aug', Zeh vom Fröschlein jung,
Fledermaushaar, Hundezung',
Viperstachel, Natterschnauz',
Eidechsbein, die Schwing' vom Kauz, —
Zauber wird's, verhängnißvoller,
Darum höllisch brodeln soll er.
Macbeth.

Die Rolle, welche die Thiere in der materia medica unserer Vorfahren spielen, ist eine merkwürdige und bedeutungsvolle und es ist ein seltsames, stellenweise humoristisch, stellenweise aber auch grauenvoll angehauchtes Stück Kulturgeschichte, das wir uns beim Durchblättern alter pharmazeutischer und medizinischer Schriften in dieser Beziehung zusammenweben können. Fast nirgends tritt es uns so deutlich wie in der alten Heilmittellehre entgegen, was für ein wunderliches Gemisch der wissenschaftliche Aberglaube des 16ten und 17ten Jahrhunderts gewesen ist und wie schwer es Gelehrten und Laien wurde mit ihm zu brechen. Und haben wir denn schon ganz mit ihm gebrochen? oder spukt nicht auch noch z. B. in unseren Apotheken manch' Heilmittel herum, über das Derjenige, der es ein Wenig tiefer weiß, von Herzen lachen muß? Hat

Hat etwa der Ausspruch des biederen Rudolph Camerarius, seiner Zeit Professor in Tübingen: es fänden sich Dinge in den Apotheken, die weit eher in ein Raritätenkabinet oder in eine Rumpelkammer als in eine Offizin gehörten, heutzutage alle Berechtigung verloren?

Ich bin nicht kompetent diese Fragen zu beantworten und wende mich lieber dazu einen kurzen Abriß der geschichtlichen Entwicklung des deutschen Medizinalaberglaubens zu geben.

Es unterliegt keinem Zweifel, daß unsere Vorfahren, schon lange bevor sie mit den Römern in Berührung kamen, Heilmittel und auch solche aus dem Thierreiche kannten und besaßen. Ur und Wisent, mehr noch Hirsch und Bär, die stolzen Beuten des Waidwerks der alten Germanen, boten nicht nur Nahrung, Kleidung, und allerlei Geräth für häuslichen und kriegerischen Bedarf, ihr Leib barg auch manches köstliche, geheime Mittel, das ein alterfahrener Jäger wohl zu finden, zu schätzen und zu verwerthen wußte. Sollte nicht auch bei der Opferung von Kriegsgefangenen allerlei für die Hausapotheke der Sieger abgefallen sein? Sehr wahrscheinlich. Plinius erzählt, der Kaiser Tiberius habe die alte, besonders von den Druiden ausgeübte Volksmedizin in Gallien unterdrückt und namentlich den grausigen Gebrauch des Opferns und Verzehrens von Menschen, was sie für das Allerheilsamste hielten. Es ist nicht anzunehmen, daß die alten Deutschen feinfühliger gewesen sein sollten als ihre westlichen Nachbaren. Auch wissen wir aus verschiedenen Fundstücken, daß sie in der That gelegentlich Menschenfresser waren. Der Mangel an Nahrung, der hie und da wohl andere Völker zwingt ihre Mitmenschen zu schlachten und zu verspeisen,

konnte

konnte bei den Urgermanen nicht die Ursache jener Scheußlichkeit sein, denn ihre Wälder wimmelten von Wild. Wahrscheinlich aber galt besonders frisches, warmes Menschenblut als ein herrliches Universalmittel gegen alle Krankheiten und es mögen bei solchen solennen Schlachtungen die Kranken und Leidenden eines ganzen Stammes zusammen gekommen sein um sich von den Priestern und Priesterinnen mit Blut besprengen zu lassen und Blut zu trinken. Die Priesterinnen und weisen Frauen der alten Germanen, die Miturheberinnen des späteren Hexenwesens, mögen im Besitz von allerlei medizinischem Geheimkram gewesen sein; sie standen am Lager des sterbenden Kriegers, und sie halfen dem jungen Menschenkinde bei seinem ersten Eintritt in die Welt. Uralte Zauberweisheit pflanzt sich durch sie von Geschlecht zu Geschlecht fort und manches, mehr wohl als wir denken, hat sich seit jener grauen Vorzeit bis heute in der Wissenschaft unseres Volkes, und namentlich in seinem Medizinalwesen, wenn auch in veränderter Gestalt, erhalten.

Die Römer erschienen auf der Schaubühne des deutschen Lebens. Nicht weniger abergläubisch und dem Wunderbaren zugeneigt, wie die Germanen brachten sie Diesen geheime Kunst und Kunde, an denen sie die reicheren waren. Es ist zwar von China und Indien ein weiter Weg nach Rom, wohin schließlich bekanntlich alle Wege führen, aber altersgraue orientalische Weisheit war doch im Laufe der Zeiten durch Perser und Chaldäer, Aegypter und Griechen, wahrscheinlich auch durch die, in ihrem religiösen Kult so unheimlichen Punier in die Kapitale des Abendlandes gebracht worden.

So vollzog sich die erste Beimischung orientalischen Aberglaubens zum germanischen, eine zweite erfolgte

erfolgte unter Einfluß der Araber und eine dritte unter dem der heimkehrenden Kreuzfahrer. Die Araber hatten zwar die Grundlage ihres wissenschaftlichen Lebens und namentlich auch ihre Heilkunde bei den Griechen gefunden, doch hatten sie auf derselben in ihrer Weise weiter gebaut. Sie führten unter anderem die Mumie, den Bezoarstein und das Zibeth in die Medizin ein. Die aus dem heiligen Lande zurückkommenden Krieger und Pilger brachten gewiß mancherlei Medikamente und mancherlei medizinisches Wissen mit in das Abendland. Die überaus merkwürdigen militärischen Mönche, die Ordensritter, hatten sich ja in erster Linie der Krankenpflege gewidmet, sie verfügten über eine gewisse Menge von medizinischen Kenntnissen und von Heilmitteln, die sie wohl nicht zum geringsten Theil dem Orient verdankten. Ihr Thun und Gebahren erschien häufig fremdartig und unheimlich, sie standen im Rufe geheimer Kräfte kundig zu sein, ja, Zauberei zu treiben und als man dem unglücklichen Jakob Molay und dem bedauerswerthen Guido von der Normandie den Prozeß machte, der zu ihrer Hinrichtung führte, hielt man ihnen vor allen Dingen vor, daß sie Zauberer, Gottesleugner und Verehrer des Baphomet seien.

Nicht gering wird auch der Einfluß der Religiosen, der eigentlichen Mönche gewesen sein. Sie vermehrten den Schatz medizinischer Kenntniß, den das deutsche Volk vordem durch den unmittelbaren Umgang mit den Römern erworben hatte, sehr wesentlich durch das, was sie aus der schriftlichen Hinterlassenschaft jener großen Nation gewannen. Sie selbst waren Aerzte und mancher Bruder hatte Zuspruch von Fremden aus weit entfernten Gegenden: eine ergiebige Quelle an Einnahmen für sein Kloster und so mochte es denn wohl kommen, daß man, um diese angenehme Quelle nicht versiegen zu lassen, nach dem Tode des heilkundigen Bruders, seine Erfolge irgend einer heiligen Holzpuppe, die im Kloster verwahrt wurde, zuschrieb.

Die Juden werden gleichfalls dazu beigetragen haben, allerlei Heilmittel bekannt zu machen. Sie hatten berühmte Aerzte unter sich, die sich einer gewissen allgemeinen Achtung oder, sagen wir lieber, einer weniger stark zum Ausdruck gelangenden Verachtung erfreuten als ihre Glaubensgenossen und wenn es diesen armen Teufeln an Kopf und Kragen ging, kamen jene in der Regel mit einem blauen Auge davon. Allerdings hielten sie ihre Kunst geheim, was sie aber zu ihren Heilmitteln gebrauchten, mußte man nothwendiger Weise nach und nach, zum Theil wenigstens, erfahren, sie mußten Gehülfen haben, denn in den Wäldern und in den Bergen auf wüsten Wegen herumzulaufen und zu klettern, um Thiere und Pflanzen einzusammeln, wird höchst wahrscheinlich ihre Sache nicht gewesen sein.

Daneben gab es noch Naturärzte genug. Dieser alte Jäger hatte ein unfehlbares Mittel gegen die Epilepsie, jener schweigsame Schäfer verstand das Gliederreißen zu vertreiben. Meister Hämmerlein, der Scharfrichter, sonst eine sorgsamst gemiedene Persönlichkeit, wurde gern aufgesucht und auf das Liebenswürdigste behandelt, wenn man krank war. Denn er war groß in medizinischen Dingen, ja, er konnte unter Umständen schon durch bloßes Auflegen der Hand die Fallsucht heilen.

Im Verlauf des 16ten Jahrhunderts erschienen zweierlei neue Gäste mit eigner Kunst und Wissenschaft in Deutschland: das waren die Venediger oder Walen und die Zigeuner. Jene, in den Gebirgen

Amethyste

Amethyste suchend und aus den Bächen Gold waschend und Perlen fischend, waren bis zu einem gewissen Grade Naturforscher und mußten es sein. Naturforschung und Medizin waren in jenen Tagen aber identisch, wie sie es heute noch sind bei den von der Kultur noch wenig beleckten Völkern. Wer in den Hochlanden von Persien Schnecken sammelt und Pflanzen, zu dem werden bald die Kranken gelaufen kommen oder getragen werden, damit der Hakim Bascha sie heile. Die Zigeuner aber verstanden sich außer aufs Stehlen, Häuser anzünden und Spioniren auch sehr wohl auf die Heilkunde der Thiere, besonders der Pferde und es liegt nah, daß ein solcher Pferdedoktor, wenn er hoffen darf, dadurch etwas zu erschnappen, seine Kunst auch bald an Menschen wird erproben wollen. Gegen ein gut Stück Geld wird er wahrscheinlich auch leicht vermocht worden sein, das Geheimniß der Zubereitung seiner Medikamente zu verrathen.

Außerdem lebte in den Hütten vor dem Dorfe oder in entlegenen Gäßchen der Stadt manch' altes Mütterchen, mit scheuen Augen mißtrauisch betrachtet, aber doch gern gesucht und von dem jungen Dirnchen um einen Liebestrank angegangen oder von dem beängstigten Ehemann zur Hülfe gerufen zu seinem kreisenden Weibe. Ueber diese Zunft haben sich die Aerzte seit je am meisten geärgert und entrüstet, wie Alberti beweißt, wenn er sagt: „Kaum eine Krankheit oder Symptom giebt es, gegen das jene neunmalklugen alten Weiber nicht ein abergläubisches Mittel anzuwenden wüßten". Und solche Heilkünstlerinnen giebt es auch heutzutage. In meiner Vaterstadt lebte ein altes Weib, vielleicht lebt sie noch, die gerade in besseren Kreisen eifrigst konsultirt wurde, wodurch jene Kreise bewiesen,

wiesen, wie ihre Bildung ihrer Stellung durchaus entsprach.

Doch auch vornehme Damen, ja sogar die vornehmsten, praktizirten selbst gern in alten Zeiten. Hatte in den Tagen der Minnesänger der verwundete Ritter Pflege gefunden bei seiner Dame, so salbte die Burgfrau ihrem Herrn und Gemahl die Beulen, die er bei einer Fehde oder einem Raubzug davon getragen hatte. An ihrem Gürtel klapperte neben den Schlüsseln zu Speisekammer und Keller auch der zum Medizinschrank und oft genug erfand sie selbst Heilmittel, die großen Ruhm erlangten. So gab es am Ausgang des 16ten Jahrhunderts Lebenswasser der Gräfin von Mansfeld und der Pfalzgräfin (welcher?), Wasser wider die Ohnmacht von der Gräfin von Zimmern, die Pfalzgräfin von Neuburg dokterte, ebenso die Kurfürstin von Sachsen und sehr gerühmt wurde das güldene Karfunkel- oder Herzwasser der Kaiserin, nämlich der Gemahlin Kaiser Maximilians des Ersten. Es sind sogar pharmazeutische Schriften von vornehmen Damen auf uns gekommen, so ein Handbüchlein einer Gräfin von Kent und ein umfangreiches Werk einer anderen fürstlichen Dame, die es zwar nicht selbst geschrieben hat, aber es doch hat schreiben lassen, und von der der Zusammenschreiber des Opus in der Vorrede sehr bezeichnend sagt.

Darnach wöll er auch danken than/
Frawn Eleonoren lobesan/
Auß Fürstentlichen Stam erboren/
Vom Hauß zu Würtenbergk geboren/
Welche diß Buch bey ihren Tagen/
Mit Fleiß hat laßen zusammen tragen/
Hat auch dz mehrtheil dieser Stück/
Selbst practicirt mit großem Glück.

Daß

Daß auch die geistlichen Frauen vor ihren weltlichen Schwestern nicht werden zurückgestanden haben, läßt sich denken, es wird mehrerer, namentlich einer Aebtissin von Gernrode in alten Schriften als Doktorinnen gedacht.

Von der zweiten Hälfte des 16ten Jahrhunderts an erfahren die Bücher, die von Medikamenten handeln, eine wesentliche Bereicherung und merkliche Umgestaltung. Die Neue Welt fängt an, der Alten von ihren Schätzen aus allen drei Naturreichen mitzutheilen. Nach und nach sickert die Kenntniß derselben und dessen, gegen was sie helfen sollen, in die tieferen Schichten des Volkes durch, dem jene Mittel freilich meist nicht zugänglich sind, das aber dafür Surogate zu finden weiß.

So hat sich am Anfang des 17ten Jahrhunderts schon ein buntes Gemisch in der materia medica des Volkes herausgebildet. Aber die Bewohner der einzelnen Gaue kommen nur selten miteinander in Berührung und haben kaum Gelegenheit ihre Erfahrungen und ihren Aberglauben auf dem Gebiete der Heilkunde einander mitzutheilen. Aber gewiß kannte der allemanische Hirt andere Heilmittel als der holsteinische, und der schlesische Bauer andere als der westfälische. Da kommt der dreißigjährige Krieg und wirbelt die Söhne und Töchter deutscher und fremder Stämme durcheinander, wie es ärger nicht sein kann. Am Lagerfeuer sitzt der Schotte neben den Schweizer, der Niederländer neben den Tyroler und tauschen ihr Wissen und ihre Kenntnisse in der Wundarzneikunde und Therapie mit einander aus, vielleicht wirft auch der Kroat in gebrochenem Deutsch Brocken uralter Weisheit dazwischen, wie er sie gelernt hat von seiner Großmutter daheim am Ufer der Save.

Nach

Nach dem großen Krieg steht der Aberglaube im höchster Blüthe in den deutschen Landen. Am Schatzgraben sind Tausende betheiligt, die Scheiterhaufen der Hexen qualmen stärker als je zuvor, dem Stein der Weisen forschen die Besten der Nation eifrigst nach, der Dorfpfarrer beschäftigt sich nicht blos mit seiner Bibel, sondern treibt emsig Kabbala und hat soeben dem neugeborenen ersten Sohn seines Schloßherrn das Horoskop gestellt. Es wimmelt auf allen Straßen von fahrenden Leuten, den heimathlosen, hinter dem Zaune geborenen Kindern einer fürchterlichen Zeit. Es ist Jahrmarkt in der Stadt. Allerlei Künstler und Wundermänner stellen sich ein, der Bärenführer, der Feuerfresser, der Rasenwälzer und nicht zuletzt der weltberühmte Herr Doktor Brimborius von der hohen Schule zu Salern, Leibarzt des großmächtigen Sultans von Katakuttopana, in Wahrheit irgend ein verbummelter, relegirter Student, der selbst für Gießen und Jena zu schlecht war, oder ein heruntergekommener Lieutenant von Pappenheims Kürassieren. Es ist in gewisser Beziehung schade, daß die Figur der Marktschreier, Circumforenses nannten sie die Römer, aus dem bunten Bilde des deutschen Volkslebens verschwunden ist. Wer sie ein wenig kennen lernen will, der schlage seinen Simplicius Simplicissimus nach und lese das 8te Kapitel im IV. Buche.

Am Ende des Jahrhunderts des deutschen Kriegs tauchen auch zuerst die Laboranten und Balsamträger auf, Bewohner des Erzgebirges und Thüringerwaldes besonders des Städtchens Königssee, die Wildlinge unter den Pharmazeuten, die über ein Jahrhundert lang Deutschland hausirend durchwandern, ja, ihre Reisen bis Oberitalien, Holland,

Dänemarck

Dänemarck und Polen ausdehnen und ihre wohlbestallten Kollegen ex officio nicht wenig ärgern.

Einen sehr interessanten Einblick in die Steigerung der Menge abergläubischer Arzneimittel bis in die Mitte des vorigen Jahrhunderts hinein und in ihre Abnahme seitdem, gewinnt man durch den Vergleich alter Medizinaltaxen. Ich will einige herausheben:

Ort	Jahr	Zahl der Simplicia aus dem Thierreich
Wittenberg	1599	73
Halberstadt	1607	53
Worms	1609	102
Halle	1643	86
Ulm	1649	92
Dresden	1652	182 *)
Bremen	1665	79
Quedlinburg	1665	89
Königr. Preußen	1749	110
Dresden	1761	86
Weimar	1779	42
Königr. Sachsen	1823	20

Bei andern Völkern war es indessen nicht anders bestellt, so zählt die Londoner Pharmakopöe vom Jahre 1662 nicht weniger als 165 Simplicia aus dem Thierreiche und die von Kopenhagen (1672) deren 92 auf.

In den letzten 70 Jahren hat sich die Zahl der aus dem Thierreich stammenden Heilmittel nicht sehr beträchtlich verändert, es sind zwar eine Reihe

*) Die ungeheuer hohe Zahl ist richtig zu beurtheilen. Dresden wollte immer als vornehme Stadt gelten und die Dresdener Hofapotheke machte mit, indem sie mit ihrem reichen Bestand an seltenen und kostbaren Medikamenten prunkte.

veralteter

veralteter Arzneistoffe in Wegfall gekommen, aber einige sind neue hinzugetreten, wie Pepsin und Fleischextrakt. Auch der Gebrauch des Leberthrans ist ziemlich neu.

Es muthet Einen seltsam an in der weimarischen Taxe aus einer Zeit, da ein Karl August regirte und ein Goethe schon 4 Jahr in Weimar war, noch Bocksblut, Skorpionöl und gebrannte Frösche, in der Dresdner von 1761 gar noch Menschenfett, Wolfsleber, Fuchslunge und gebrannten Maulwurf zu finden. —

Wenn man die ungeheuere Menge abergläubischer Arzneimittel betrachtet, die in früheren Jahrhunderten gang und gäbe waren, so muß man unwillkürlich fragen, waren denn damals die Menschen alle mehr oder weniger verrückt oder wie kamen sie sonst zu diesem Wust toller, widersinniger Dinge? — Verrückt waren sie keineswegs, wenn auch die erste Zeit nach dem großen Krieg eine auffällige geistige Entartung des deutschen Volkes bemerken läßt. Die Menge jener Medikamente hat ihre verschiedenen Ursachen. Da ist erstens die Erfahrung, die Empirie: die Menschen werden von Anfang an versucht haben, alle mögliche Dinge gegen alle möglichen Krankheiten zu gebrauchen, schlug eins ein, so blieb es Bestandtheil der wilden Pharmakopöe zunächst, schlich sich aber von dieser auch oft und leicht in die offizielle ein. Nun mag es hin und wieder wohl einmal vorgekommen sein, daß der Zufall dabei seine Hand im Spiele hatte. Es wurde z. B. Irgendeiner, der an einer besonderen Krankheit litt, bei diesem Experimentiren mit allerlei Medikamente durch eins oder auch trotz einem derselben wirklich gesund, sofort nahm man an, dieses habe ihn geheilt und von jetzt ab galt die betr. Substanz als ein

Heilmittel für jene Krankheit, obgleich sie vielleicht später niemals wieder sich heilsam erwies.

Das ist eine der Ursachen der großen Zahl von Materialien in den alten Offizinen, eine andere liegt in der menschlichen Natur begründet, die das Unheimliche und Grausliche liebt. Daher rühren die Zaubermedikamente, wie wir sie einmal nennen wollen: menschlicher Hirnschädel, Menschenhaut, Fledermäuse, Kröten, Salamander, Skorpione u. s. w.

Die Hauptursache aber liegt in dem, was die alten Aerzte Signaturen nannten. Unter diesem Worte verstand man gewisse äußere und innere körperliche, bei Thieren auch geistige Eigenschaften, die den betr. Naturobjekten bei ihrer Erschaffung gewissermaßen mitgegeben seien, um dem denkenden Menschen als Fingerzeigen zu dienen. Diese Signaturen sind theilweise von hohem Interesse und sie mögen uns einen Augenblick als solche beschäftigen, wir werden ihnen im Verlauf unserer weiteren Darstellung noch sehr häufig begegnen. Nicht allen zeitgenössischen Aerzten haben sie imponirt, so sagt der alte, kritische Carl (1733), daß die Apothekergehülfen lachen, wenn Einer Fuchs-, Hirsch- oder Hasenlunge gegen die Schwindsucht verschreibt.

Paracelsus giebt ein wunderliches, auf Signatur beruhendes Mittel zum Vertreiben der Muttermäler an. Bekanntlich glaubte man früher und glaubt es stellenweise noch, die Muttermäler beruhten auf einem geheimnißvollen Vorgang, den man das „Versehen" nannte. Eine schwangere Frau erschreckt über irgend ein Thier und der Schreck der Mutter wirkt derart auf die Frucht zurück, daß irgend wo auf deren Körper ein Mal, in dem man mit einer leidlichen Dosis an Phantasie oder von gutem Willen, wie die Kavaliere Hamlets in der

Wolke,

wolke, die Gestalt eines beliebigen Thieres wiederfinden konnte. Paracelsus nun empfiehlt, das betr. Thier auf das Muttermal zu binden. Wie dann freilich mit Pferden, Rindern, oder gar Giraffen und Elephanten verfahren werden soll, darüber bleibt uns der alte Hexenmeister die Rechenschaft schuldig.

Mit besonderer Vorliebe werden Signaturen in Farben gesucht. So hilft gegen Gelbsucht die Brühe einer gelbfüßigen Henne, ja, sie vergeht schon, wenn man eine gelbbrüstige Kohlmeise gesehen hat. Graue, Haare sind manchen Leuten unangenehm, — nun, es giebt kein besseres Mittel als sie mit den Eidottern, dem Fett und Blut der schwarzen Krähen einzureiben. Sommersprossen vertreibt das Fett des gefleckten Leoparden und entzündete Augen heilt der Rauch der schön geaugten Pfauenfedern. Es giebt eine Krankheit, die nennt man die schwarzen Blattern: man nehme den Koth eines schwarzen Vogels, einer Amsel etwa, stoße ihn mit Reis und lege ihn auf. Das Blut ist roth, was kann besser für dasselbe sein und was besser das Herz stärken als Pulver, Elixire und Magisterien aus den schönen rothen Korallen? Dem oder jenem werden durch gichtische Affektionen Finger und Zehen krum, giebt es kein Thier, das sich durch Krümmen hervorthut? freilich, der Regenwurm, der sich bekanntlich krümmt, obgleich er kein Knopfloch hat. Der werde aufgelegt — probatum est! Man muß manchmal aber andererseits vorsichtig sein in der Wahl dessen, was man ißt, so warnt Albertus Magnus eindringlich vor dem Genuß von Dohlenfleisch, denn man bekommt unfehlbar Kopfjucken darnach; warum? sehr einfach: die zahmen Dohlen lieben es, wenn man ihnen den Kopf kraut.

Wer schwindlich ist der eße Gemsengehirn und wer schwindelfreie Nachkommenschaft erzielen will, der füttere seine Frau, wenn sie in anderen Umständen ist, brav mit Eichhörnchenbraten. Um eine gute Verdauung ist es eine schöne Sache, und namentlich die fischfreßenden Vögel erfreuen sich einer solchen, man pulverisire daher die Steinchen aus einem Storchmagen und schlucke sie, oder verzehre den Magen eines Sägetauchers, man kann sich auch den Balg eines Kormorans auf den Bauch legen oder sich, wie jener Domherr, den Nabel mit Albatroßfett salben. Zahlreich sind die von Signaturen hergeleiteten Aphrodisiaka, Sperlingshirn, Hoden vom Hahn, Hasen u. s. w. u. s. w. So war im 17 ten Jahrhundert ein berühmtes „zur Liebe helfendes" Geheimmittel, „die Morsellen des ‚in Mars- und Venus-Krieg so hochberühmten Helden' des Grafen von Pappenheim", die wesentlich aus Spatzenhirn bestanden.

Es giebt auch Signaturen die sich auf den Namen eines Thieres zurückführen lassen: gegen Blutflüße helfen, wie zuerst ein Dr. Michaelis in Leipzig ausheckte, die Zähne des Flußpferdes, gegen die Wassersucht Wasserfrösche und ein herrliches Mittel gegen den grauen Staar ist es, wenn man sich die Augen mit dem benutzten Badewasser eines gefangenen Staares zu waschen pflegt. Wer sich einen Wolf gegangen hat, dem können Einreibungen mit Wolfsfett nicht warm genug anempfohlen werden.

Selten sind Doppelsignaturen, doch kommen sie auch vor. Gegen Ohrleiden träufelt man den Urin des langohrigen Hasen mit pulverisirten Ohrwürmern ins Ohr und van Helmont räth gegen Rothlauf das rothe Blut eines im Lauf getödteten Hasen. Es

Es giebt auch Signaturen ins Umgekehrte (per perversum): wer einen kleinen Klaps hat, der muß Kuckuckmist schnupfen; der Vogel hieß früher allgemeiner als jetzt „Gauch", und dieses Wort bedeutet auch einen Narren.

Damit ist aber des Hokus-Pokus noch nicht genug, die Volksphantasie ist in Erfindungen des Aberglaubens auch auf medizinischem Gebiete geradezu unerschöpflich. Sie nimmt auch Rücksichten auf die Zahl der Stücke, in denen Medikamente gereicht und der Dinge aus denen sie verfertig werden. Wer chronische Kopfschmerzen hat, der sammelte sich sieben Kothbällchen eines Ziegenbocks, verreibe sie mit Essig und salbe seine Stirn damit. Die Wollkrempler verkauften sonst Amulette gegen Zahnweh; diese bestanden aus einem oben und unten geschlossenen Gäsefederkiele mit Würmern (Larven von Larinus) aus den Disteln in ungerader Zahl. Der alte, originelle Paulini empfiehlt in seiner, einst sehr berühmt gewesenen „Dreckapotheke", gegen Wechselfieber ein Tränkchen, bestehend aus Salbeiwasser und 9, bei abnehmendem Mond gefangenen Flöhen; man nimmt sie auf dreimal, Morgens, Mittags und Abends, jedes mal drei. Gegen den s. g. Wurm im Finger (Panaritium) lege man Fliegen in ungerader Zahl auf, wer an Urinverhalten leidet, eße 9 Heringsseelen (Schwimmblasen) und wenn er etwa die Gelbsucht dabei hat, so lasse er 9 Läuse vom eignen Kopf folgen. Gegen Kolik gab es ein für den Patienten gewiß höchst erfreuliches Mittel, bestehend in Wanzen, die man 9 Tage hintereinander in einem Löffel Wein einnahm und zwar am ersten Tag 4, am zweiten 5 u. s. f. bis man am neunten mit 12 schloß. Hat uns eine Spinne gebissen, so laßt uns 5 Ameisen in einem Trunk zu uns nehmen, auf daß

das

das Heilmeilmittel so harmlos sei wie die Verletzung. Schon Plinius spricht von ungeraden Zahlen, in denen manche Medikamente zu nehmen seien, so gegen Magenkatarrh Schnecken.

Ein weiterer Punkt, der den Alten wichtig genug dünkt, ist auch die Zeit, in der man ein Medikament erlangt. Ein für diese Art Aberglauben sehr wichtiger Zeitabschnitt, den man „in den Dreißigsten" oder „zwischen den beiden Frauentagen" nannte, war zwischen Mariä Himmelfarth (15. August) und Mariä Geburt (15. September). Auch waren blos die innerhalb der Zeit von Weihnachten bis Großneujahr, in den s. g. „Zwölfnächten" geschossenen Elstern gegen Epilepsie zu gebrauchen. Ebenso gegen dieselbe Krankheit die Leber von 3 Fröschen, die aber im Winter gefangen sein mußten. Dieser letzteren Anforderung begegnen wir in mancherlei Gestalt häufig wieder. Das Erhalten und das Anwenden der Medizin wird gern erschwert. Aus Fenchelwurzel, Rauten, Wein und Weiberharn machte man ein köstlich Augenwasser, aber der Harn mußte von einer ganz reinen Jungfrau kommen, — aber wo sind die anjetzo? frägt der pessimistische Paulini. Eine sehr häufig wiederkehrende Bedingung ist die, daß man eine der Gesundheit dienliche Sache selbst suchen oder sie geschenkt erhalten muß, sie aber nicht kaufen darf.

Vielfach werden unter Thieren derselben Art gewisse Individuen vorgezogen. Namentlich gelten viele Heilmittel für wirksamer, wenn sie vom männlichen Geschlecht und nicht vom weiblichen herrühren. So ist die gegen Schwindel benutzte Asche vom männlichen rothen Eichhörnchen bei weitem vorzuziehen, der Koth des Wildschweins, den man gebrannt mit Rothwein gegen die rothe

Ruhr

Ruhr trank, aber viel besser vom Eber wie von der Sau. Die Sache geht noch weiter: Frauenmilch galt in alten Zeiten als ein ganz vorzügliches Medikament bei vielen Vorfällen und war durch alle Apotheken zu beziehen, aber die einer solchen Frau, welche einen Knaben geboren hatte, war kräftiger und am allerkräftigsten war sie, wenn die Mutter einem Zwillingspaar, Knaben, das Leben gegeben hatte. Doch findet sich gelegentlich auch die Vorschrift, daß ein Mann von einem männlichen, eine Frau von einem weiblichen Thier die Heilmittel entnehmen soll. Selten ist das Umgekehrte, kommt aber auch vor, so machte man gegen Nasenbluten aus menschlichen Schamhaaren Tampons, für den Mann aus den einer Frau und umgekehrt.

Die Kreuzottern waren vielfach von unsern Vorfahren benutzte, offizielle Thiere und die in bergigen, trocknen, sandigen Gegenden gefangenen galten für wirksamer als die aus feuchtem, flachen Terrain. Die allerbesten waren aber die schwarzen, welche eine häufigere Varietät gerade an feuchten Stellen bilden. Versteinerte Muschelschalen hielt man für weit wirksamer als rezente, denn diese muß der Mensch brennen, bevor sie in der Medizin verwendbar sind, bei jener hat Mutter Natur es durch die Länge der Zeit nicht durch die Flamme erreicht, daß blos der unorganische Theil der Schale zurückgeblieben ist.

Hirschgeweihe spielen in der alten materia medica eine sehr wichtige Rolle, aber die schädelächten sind bei weitem heilkräftiger als die abgeworfenen, auch ist die rechte Stange heilsamer als die linke und sind die Spitzen der Enden den übrigen Theilen vorzuziehen. Ebenso ist es mit der

der Spitze des Narwalzahns, des famosen Einhorns.

Hausthiere gelten im Allgemeinen für weniger gut zu Medikamenten, als die entsprechenden wilden Formen.

Daß auf Farbe Werth gelegt wird, sahen wir eben schon bei der Kreuzotter, es ist sonst aber noch vielfach der Fall. So sind zum Beispiel die Roßäpfel von einem braunem Pferde die besten und schwarze Hennen, schwarze Böcke und schwarze Katzen sind allen andersfarbigen weit vorzuziehen. Von der schwarzen Katze, heißt es:

Ist das Herz, die Lung, das Fell, das Blut,
Das Fett, der Kopf und Koth zu vielen Dingen gut!

Eine Hauptsache war es auch für die alten Heilkünstler möchlichst Vielerlei durcheinander zu kochen, zu gießen und zu reiben, wobei es gar nicht darauf ankam, ob etwa das eine Mittel die Kraft und Wirksamkeit des andern aufhob. Das Wunderpflaster Paracelsi, das gegen alle Krankheiten und Gebrechen und noch einige andere helfen sollte, enthielt 38 verschiedene einfache Stoffe, und die Brustsalbe der „Frawen Anna, Herzogin zu Liegnitz", bestand aus etwa 100 Mitteln, deren Bindemittel 1 Pfund Hühnerfett und 1½ Pfund Fett von einem kastrirten Hunde bildeten. —

Man muß nun nicht denken, daß alle damaligen Leute in das allgemeine Horn geblasen hätten, es hat in allen Jahrhunderten helle Köpfe und vorurtheilsfreie Geister gegeben, welche die Albernheiten ihrer Zeit durchschauten und sich über dieselben ärgerten oder über dieselben lachten, je nach dem. Und so ist es noch heute, selbst die Reichs-Pharmakopöe

findet

findet ihre Kritiker, die gleichwohl keine Reichsfeinde sind.

Schon im Jahre 1622 schrieb der wackere Martinus Pansa: „es sind viel nerrische Sachen in denen Apotheken zu finden, die nicht hineingehören, so der Hunde und andrer Thiere stinkender Mist, darüber man viel mehr ein Abschreck bekommen möchte und die andern Artzeneiyen gar verlassen. Es gemahnt mich solcher Artzeney", fährt der Zeitgenosse der Kipper und Wipper fort, „nichts anders als der küpffernen Müntz, so jetziger Zeit gemein seyn, darauf manchmal geprägt ist, Moneta nova argentea, das ist, eine neue silberne Müntz, da doch nichts mehr daran ist als Kupffer, vnd ich glaube nicht, das das Silber inwendig sey hineingebacken." Er sieht jene zahlreichen unnützen Medikamente als ein „überflüßiges Wesen" an, „welches nicht dienet zur Gesundheit, sondern vielmehr zu derselben Verderbung" und er kommt zu dem Schluß, der ganze Quark sei nur dazu da, die Apotheken zu schmücken und ihnen ein Ansehn zu geben.

Hundert Jahre später spricht sich auch Fürstenau in diesem Sinne mit äußerst scharfen Worten aus und der alte Beireis in Helmstedt, der sonst selbst als ein Charlatan gilt, hat bewiesen, daß er es wenigstens in dem Punkte der materia medica seiner Zeit nicht war, denn er machte sich mit Sarkasmus und Satyre über dieselbe lustig. —

Erst mit der Umgestaltung der Chemie und Physiologie trat auch eine Umgestaltung der Arzeneikunde ein, da aber jene sich noch nicht völlig vollzogen hat, kann man es gerechterweise von dieser füglich nicht verlangen. Aber wir wollen hoffen, daß Vater Bechstein irrt, wenn er sagt: „Vielleicht kommen

kommen diese Mittel einmal wieder in Gebrauch!" — Freilich der Schwindel ist zu einer unheimlichen Macht herangewachsen und:

Es ist kein Ding so dumm,
Es findet doch sein Publikum!

Bevor wir jetzt in den speziellen Theil unserer Betrachtung eintreten, möchte ich noch einige Worte vorausschicken.

Ich konnte meine Materie in dreierlei Weise anordnen: nach dem therapeutischen, zoologischen und nach einem anatomisch-physiologischen Gesichtspunkt. Ich konnte die Heilmittel, welche man dem Thierreiche entnommen hat, nach ihrer Bedeutung für die verschiedenen Krankheiten, oder in systematisch-wissenschaftlicher Reihenfolge durchnehmen und endlich konnte ich mich auch fragen, welches Mittel aus diesem oder jenem Organsystem des menschlichen und thierischen Körpers schützt vor Erkrankungen und heilt sie. Ich habe der letzteren Methode, hauptsächlich aus rein äußerlichem Grunde, den Vorzug gegeben. Es wollte mir nämlich scheinen, daß sich der an und für sich immerhin recht trockene Stoff so am wenigsten eintönig, schleppend und ermüdend behandeln ließe. Ausgeschieden habe ich dabei die Heilungen durch Perspiration und Berührungen, die Amulette, Bäder und Räucherungen, die ich hier gleich im Voraus durchnehmen will.

Ein uralter Glaube ist es, daß alte Leute durch den unmittelbaren Umgang, mit, durch das

Anhauchen

Anhauchen von und durch das Schlafen bei jungen, frischen Leuten bis zu einem gewissen Grade verjüngt werden könnten. Man sprach von einer „materia perspirabilis,“ die dieses Wunder vollbringen sollte. So lesen wir schon im Buch der Könige (Kap. I, V. 1—2) über den uralten König David: „Da sprachen seine Knechte zu ihm: Laßt sie meinem Herrn Könige ein Dirne, eine Jungfrau suchen, die vor dem König steht und seiner pflege, und schlafe in seinen Armen und wärme meinen Herrn, den König.“ Ein vornehmer Römer, Clodius Hermippus, ließ sich in seinem 115. Jahre der Verjüngung halber von einem schönen Knaben anhauchen.

Bekannter noch ist der Glaube an die Heilung von Krankheiten, ja selbst an die Auferweckung aus dem Tode durch Berührung, wovon im Neuen Testament genug Erzählungen sich finden. Aber auch profane Persönlichkeiten besaßen diese Kraft. So heilte König Pyrrhus von Epirus durch Berührung mit seiner großen Zehe die Milzsüchtigen und der Kaiser Vespasian nach dem übereinstimmenden Zeugniß des Sueton und Tacitus Lahme. Viel erzählt und viel geglaubt ist das Märchen, nach dem der König Chlodwig von Frankreich und seine Nachkommen, die Fähigkeit besaßen durch bloßes Auflegen der Hand den Kropf zu vertreiben. Felix Faber, der eine Geschichte Schwabens geschrieben hat, berichtet dieselbe Kraft habe den Grafen von Habsburg innegewohnt. Nun, an solche Heilkünstler muß man eben glauben oder man läßt es, ganz nach Belieben, auf dem Wege der Logik kömmt man mit ihnen nicht weit. Das ist mit einer andern Art der Berührung etwas anders, mit den Ohrfeigen und Maulschellen nämlich, über deren Nutzen auf den verschiedenen Gebieten des menschlichen Lebens einmal Einer eine Abhandlung geschrieben hat. Sie werden auch in der Medizin angewendet um einen beim Baden ohnmächtig Gewordenen wieder zu sich zu bringen und um Ausreckungen des Kiefergelenks wieder einzurichten.

Gegen Kolik legt man auch jetzt noch vielfach einen lebenden kleinen oder jungen Hund oder eine Katze über den Leib und die thierische Wärme thut in diesem Falle, wie ich aus Erfahrung weiß, in der That gut, daß sie aber auch eingeklemmte Brüche heilen kann, möchte ich denn doch bezweifeln, ebenso, ob es wohl viel gegen die Pestbeulen geholfen haben mag, wenn man auf dieselben lebende Frösche band. Auch zu den Schleien habe ich kein rechtes Zutrauen, obwohl man gerade sie vordem vielfach lebend in Anwendung brachte: man legte gegen Krebs einen solchen Fisch auf das Geschwür, gegen Kopfschmerzen auf den Kopf, gegen Gelbsucht auf die Lebergegend oder Herzgrube, band wohl auch eine unter jede Fußsohle. Mit dem Zitterrochen ist die Sache anders, da kann es schon sein, daß er auf den Oberschädel gethan, wie es schon zu Plinius Zeit üblich war, durch seine elektrischen Schläge die Schmerzen lindert. Die Neger am Senegal baden bei Rheumatismus in Gefäßen, in denen sich mehrere Zitterwelse befinden und rühmen die Wirkung derer elektrischen Entladung sehr.

Gegen verschiedene Krankheiten nimmt man auch junge Hunde mit in das Bett, so gegen Lähmungen und Flechten, in der Voraussetzung, das die Thiere „die Kankheitsmaterie an sich ziehen werden". Hat man das Podagra, so läßt man sich von einem Hunde lecken, — das Podagra verschwindet, aber der Hund wird kontrakt!

Auf

Auf dem Thüringerwald haben die Weber, Holzarbeiter und Bergleute unter anderen Vögeln besonders gern Kreuzschnäbel, einmal des gemüthlichen Wesens dieser Thierchen wegen, dann aber auch weil sie fest davon überzeugt sind, es gäbe kein besseres Mittel gegen Gicht, Rheumatismus und das Heer von Krankheiten, die der gemeine Mann schlechthin als „Flüße" und „Verschläge" zu bezeichnen pflegt. Auch in diesem Falle sollen die Thiere den Krankheitsstoff an sich ziehen und die mit nach links gebogenen Oberschnabel, die s. g. Linksschnäbler, dazu dienlicher sein als die Rechtsschnäbler.

Wer an einem Panaritium, einem „Wurm im Finger" leidet, kann nichts besseres thun als das erkrankte Glied täglich mehrmal einer Katze in das Ohr zu stecken und eine Viertelstunde darin zu belassen, und ein, wahrscheinlich spanischer, Arzt, Petro da Castro, empfiehlt, man solle, wenn man von einem Skorpion in den Finger gestochen wurde, diesen Finger einem lebenden Hahn in den After zu stecken. Das Fieber vertreibt man sich, wenn man einen Maulwurf in der Hand sterben läßt und geschwollene Mandeln, wenn man den Hals äußerlich mit der Hand reibt, mit der man kurz zuvor eine Grille zerdrückt hat. Gegen Hartleibigkeit wird empfohlen, eine Spinne, die sich an einem Faden herabläßt, in der Luft aufzufangen, sie zu zerquetschen und auf den Nabel zu schmieren. Auch das Strobelbergsche Pflaster bestand wesentlich aus zerdrückten Hausspinnen. Es wurde bei Fieber vergoldet oder versilberte auf die Pulsadern beider Armgelenke gelegt. Es war ursprünglich ein Geheimmittel eines gewissen Dr. Strobelberg zu Heilbronn, von dem es Graf Karl von Wolkenstein um 100 Thaler kaufte und öffentlich bekannt machte. Hat Einer

Kopfweh,

Kopfweh, so mag er sich einen Strick, mit dem ein armer Sünder justifizirt ist, oder den getragnen Schleier einer Frau um den Kopf binden, nur muß er das Letztere heimlich thun, sonst kann er Unannehmlichkeiten davon haben, da die Schmerzen auf die betr. Dame überzugehen pflegen. Noch Eins! So Dir des lästige Schluchzen zusetzt, küsse herzhaft die Schnauze eines Maulthiers, wenn Dir nämlich gerade zufälliger Weise eins zur Verfügung steht!

Die Räucherungen waren in der alten materia medica und beim Zauberwesen sehr beliebt: wahrscheinlich waren sie durch den Kultus der christlichen Kirche volksthümlich geworden. Die Hexe beräucherte sich mit Bilsenkraut, bevor sie zum Blocksberg fuhr, d. h. sie betäubte sich und hatte im Schlaf wunderliche Träume und phantastische Erscheinungen. Gegen den bösen Einfluß dieser Hexen selbst aber diente der Rauch verbrannter, pulverisirter Zähne, die einem, eines natürlichen Todes verstorbenen Menschen ausgezogen waren. Die alten Römer beräucherten die Wahnsinnigen mit verbrannter Schafwolle. Die Franzosen umhüllten ihre an gezierten „vapeurs" Leidenden mit Rauch von Menschenhaaren und der Deutsche vertrieb die ehrliche Blähung durch die angesengte Haut der Ringelnatter. Bei Hämorrhoiden räucherte man mit Rocheneiern oder Seemäusen, und bei Harnzwang mit Heuschrecken. Wunderlich genug war man der Ansicht, die Bräune verschwinde unter dem Einfluß des stinkenden Dampfes eines schmauchenden Schwalbennestes. Hysterische und in schweren Wehen Liegende beräucherte man sehr gern, besonders mit dem Rauch von Rebhuhnfedern, Seide, Skink, Bibergeil u. s. w. Der berühmte Arzt und Gründer einer eigenen medizinischen Schule, Georg Ernst

Stahl (geb. 1660, gest. 1734) wollte von den Räuchereien, auch von denen mit Bibergeil nichts wissen, er lehnte den Gebrauch des letztern mit einem Wortspiel ab: „castoreum est medicamentum famosum quidem, sed minus fumosum," Bibergeil ist zwar ein berühmtes Mittel, aber kein Räuchermittel. Was würde er wohl dazu gesagt haben, wenn er gesehen hätte, wie sich ein Epileptiker durch schmorendes Leopardenfett eindampfen ließ.

Bekannter, beliebter und rationeller als die Benutzung gasförmiger Körper zur Heilung von allerlei Gebresten ist diejenige von in einem andern Aggregatzustande, dem tropfbar flüssigen, befindlichen, von den Bädern und Waschungen, denen vielfach thierische Stoffe zugesetzt wurden. Gegen Rheumatismus und Gicht machte man heiße Bäder zurecht, in die man ein leinenes, mit lebenden Ameisen gefülltes Säckchen hängte oder einen abgetragenen und ausgegrabenen Bau dieser Thiere mit allem Mull, Tannennadeln und lebenden Bewohner hineinwarf. Die Hitze in den Füßen vertrieb ein Bad aus Menschenurin, in dem Wegschnecken gekocht waren, erfrorene Glieder aber, gegen die sonst gar nichts mehr helfen wollte, nahmen Raison an, wenn man sie mit heißem Wasser, in dem Bärengalle aufgelöst war, badete. Bei Podagra wusch man die Füße mit Hasenbouillon, worin wieder eine köstliche Signatur steckt. That man Pulver von Eierschalen in das Bad, so war es gut gegen den Stein, nahm man aber eine Eidechse und sott sie ab, so heilte die Brühe äußerlich angewendet die Brüche der Kinder. Für abgezehrte Kinder machte man auch Bäder von Bier in dem 3 Schafsköpfe abgekocht waren. Bouillonbäder waren überhaupt sehr beliebt. So zur allgemeinen Kräftigung ein Absud von 20 Hennen und 10 Pfund

Rindfleisch

Rindfleisch. Dieses Mittel empfahl Fürst Johann Georg I von Anhalt einem Leipziger Bürger, Auerbach, der mit günstigem Erfolg Gebrauch davon machte.

Die Verwendung schon benutzten Badewassers zu weiteren Waschungen empfiehlt Plinius gegen Triefaugen: „Wasche Dir die Füße, und mit diesem Wasser benetze Dir darauf dreimal die Augen."

Wir kommen jetzt zu einem sehr wesentlichen Theil der alten materia medica, zu den Amuletten, die man aus Steinen, Pflanzentheilen und nicht am wenigsten aus ganzen Thieren oder Bruchstücken von Thieren verfertigte und die letzten sollen uns hier kurz beschäftigen.

Es liegt in der Natur der Sache, daß man besonders gern die widerstandsfähigeren Theile von thierischen Körpern zu Amuletten verwendete: Zähne, Klauen, Knochen, Korallen, Versteinerungen und aus animalischen Stoffen dargestellte Perlen. Die Zähne wurden in verschiedener Absicht benutzt. Erstens hing man Reißzähne von Raubthieren, Pferdezähne, Delphinzähne u. s. w. den zahnenden Kindern um den Hals. Darin lag Sinn und Verstand, wir geben ja unsern Kleinen auf dieser Entwicklungsstufe Veilchenwurzel oder Elfenbeinringe, damit sie daran saugen und nagen können und so das Zahnen beförderen.

Daneben spielen aber Zahnamulette auch noch eine Rolle per signaturam. So helfen gegen Zahnschmerzen Zähne die man einem lebenden Maulwurf ausgerissen hat, in einem kleinen Beutelchen getragen, besonders aber die angehängen kollossalen Zähne vom Flußpferd, Löwen und von dem Fisch, den man Sagrus nennt. Die Flußpferdzähne hielten auch den Krampf ab und die sichelförmig gebogenen Reißzähne der Wölfe die Mondsucht. Schutz vor Ge-

gespenstern

spensiern bot der Zahn eines nächtlichen Thieres, der Hyäne und gegen schlechte Luft Stücke des berühmten Narwalzahns. Die Krokodilzähne, die hohl sind, füllte man mit Weihrauch, schloß sie am offnen Wurzelende mit einem Goldblech und trug sie gegen periodische Fieber.

Interessant ist die Verwendung der Glossoptera, oder s. g. Schlangenzungen zu Amuletten. Diese Schlangenzungen sind nichts anderes als versteinerte Haifischzähne, in deren Gestalt die Phantasie des Volks eine Aehnlichkeit mit jenen herausfand und sie für vom Himmel gefallene Zungen erklärte. Nun glaubte man früher allgemein, die Schlangen brächten das Gift nicht durch beißen mit den Zähnen, sondern durch stechen mit der Zunge bei: hier lag eine Signatur vor. Aber diese Signatur verdoppelte sich bei den Christen. Jene Glossoptera fanden sich besonders schön auf der Insel Malta und gerade hier war der Apostel Paulus ohne Schaden von einer giftigen Schlange gebissen worden. Der Großmeister des Malteser-Ordens trug auch einen solchen Stein in einem Goldring und konnte durch bloße Berührung mit demselben Epilepsie heilen. Man gebrauchte die Schlangenzungen auch pulverisirt innerlich gegen Fieber. Sie sollten desgleichen gegen Gift helfen, aber die deutschen Aerzte scheinen ihnen nicht recht getraut zu haben, benutzen sie wenigstens nur höchst selten und Camerarius erklärte schon 1718 die Sache für Schwindel. Man trug auch getrocknete wirkliche Thierzungen als Amulette, so die von Adlern gegen den Husten, die von einem im März gefangenen Fuchs um das Gesicht zu schärfen. Im Innern der Zunge der Hunde, um so deutlicher, je größer sie sind, verläuft in der Mitte eine Art sehnigen Streifens, der Tollwurm,

oder

oder die Lyssa genannt. Wenn man denselben dem Hunde auslöste, sollte er nicht von der Tollheit befallen werden können. Die natürliche Folge dieses dieses Glaubens war per signaturam perversam der, daß der Tollwurm ein Mittel gegen den Biß eines tollen Hundes sei und so führte man ihn als Amulett bei sich. Wollte man seine Kraft vermehren, so trug man ihn unbeschrieen (d. h. unbeobachtet und ohne zu reden) dreimal um einen unfruchtbaren Baum herum.

Nächst den Zähnen standen Krallen, Klauen und Hörner sehr in Ansehen, die beiden letzteren meist zu Ringen verarbeitet. So trug man gegen Epilepsie einen Ring von der Klaue des rechten Hinterfußes des Elchs oder vom Eselshuf, an denen aber kein schwarzer Flecken sein durfte. Gegen Krämpfe waren Ringe aus Hirschklauen und als Amulette in Silber gefaßte Luchskrallen (am besten die von der innersten Zehe des rechten Vorderfußes) in Gebrauch. Auch Ringe von Büffelklauen und Hörnern trug man, aber dieselben mußten in besonderer Weise hergerichtet sein, in ihrer Innenseite wurden nämlich Drahtreifchen von viererlei Metall: Gold, Silber, Glockengut und Eisen eingelegt. Am Chiragra leidende Personen thaten sich Armbänder aus Büffelhorn an.

Die dauerhaften Thierknochen gaben manches feine Amulett. Die Kniescheibe des Bibers schützte vor Fußschmerzen, ein unverdautes Knöchelchen aus dem Koth eines Hundes, dem graecum album, bewahrte die Kinder vor dem Verbrennen. Gegen Kopfschmerzen band man sich den Schädel eines jungen Geiers mit einem rothen Bändchen an den linken Ellenbogen oder legte einen in Hirschleder eingenähten Adlerschädel auf den Kopf. Würgen im Halse wurde

wurde durch einen als Amulett getragenen Schlangenschädel abgehalten und geheilt. Menschendaumen führten die Soldaten im dreißigjährigen Krieg gegen das Ungeziefer mit sich. Wahrscheinlich spielt in diesen Aberglauben eine tiefliegende Signatur hinein: der Daumen ist der Haupttödter der unerbetenen Gäste und seine Gegenwart soll sie in Furcht setzen, nach dem Sprichwort: pollex inimicus pulicis.

Wollte man fest schlafen, so legte man sich eine gedörrte, rechte Vorderflosse eines Seehundes auf den Kopf oder unter das Kopfkissen, denn der Seehund soll bekanntlich schlafsüchtig sein. Lag Einem umgedreht daran wach zu bleiben, so hing man sich ein Ei des allezeit wachsamen Raben in einem Futteral um den Hals. Rhases, der alte arabische Arzt, empfiehlt gegen Gicht das Auflegen der Füße einer männlicher Schildkröte, einzeln in Bockleder eingenäht und auf die schmerzhaften Stellen vertheilt. Gegen Ischias halfen Adlerfüße und zwar der rechte für das rechte, der linke für das linke Bein. Auch die Sehnen aus den Ständern des Storches wurden gegen Podagra und Zipperlein aufgebunden, — natürlich! so ein Storch steht Tag vor Tag im Feuchten ohne sich sein Beinwerk zu erkälten. Köstliche Mittel gegen allerei Gebresten waren auch die Fischsteine, die Kauplatten verschiedener karpfenartiger Fische, die man in edle Metalle gefaßt bei sich trug. Sie müssen sich einer großen Beliebtheit erfreut haben, wenigstens trifft man sie fast in allen Apothekentaxen bis in dieses Jahrhundert hinein an. Allerdings wurden sie auch pulverisirt innerlich gegen Stein und Podagra gegeben.

Das Herz hat immer als einer der edelsten, vornehmsten Theile des thierischen Körpers gegolten

und

und so wird es vielfach getrocknet als Amulett getragen: gegen Zahnweh das der Schlange, gegen Kropf von der grünen Eidechse, gegen das viertägige Fieber das des Chamäleons, in schwarze Lammwolle von der ersten Schur eingepackt. Lerchenherzchen faßte man in goldene Armbänder, die man gegen Kolik bei sich führte. Ein besonders herrliches Organ ist auch das Auge. Man riß es der lebenden Nachtigall aus um Amulette zum Wachbleiben zu erhalten, man nahm es den Bären und band es auf den linken Arm gegen das viertägige Fieber, oder hing ein rechtes den Kindern gegen das Erschrecken im Schlafe um. Die beiden Augen des Frosches trug man in Säckchen aus ungefärbten Stoffen eingenäht am Hals gegen Triefaugen, das rechte rechts, das linke links. Man band das rechte Auge einer Schlange, die man nach der Exstirpation leben ließ, auf leidende Augen.

Auch bei Amuletten handelt es sich oft, wie wir schon sahen, um Signaturen. So trug man gegen Bienenstich den Schnabel eines Bienenfressers, als Aphrodisiakum die Hoden eines Hahnes und gegen Kopfschmerzen die in einem Täschchen eingenähten Scheitelfedern eines Wiedehopfs. Wenn die kleinen Kinder Leibweh hatten, legte man ihnen erwärmte, mit Rebhuhnfedern und Krausemünze gefüllte Kißchen auf das Bäuchlein.

Ganze, todte, aber auch lebendige Thiere wurden gegen Fieber oft und gern mit besonderer Vorliebe amulettartig angewendet. In diesem Sinne band man sich lebende in Säckchen eingenähte Mist- und Hirschkäfer, haarige Raupen, Phryganidenlarven mit ihren Gehäusen, Grashüpfer, in Nußschalen eingeschlossene Spinnen an, oder stellte sich eine Schachtel mit einer lebenden Eidechse bei jedem Anfall auf den Kopf.

Der

Der Konsul **Mucianus** trug eine lebende Fliege, die von Zeit zu Zeit wahrscheinlich erneuert wurde, in einem Leinwandsäckchen gegen seine Triefaugen um den Hals. Als allgemeine Schmerzen linderndes Amulett galt eine Haselnußschale mit einer Zecke daran, die vom linken Ohr eines Hundes genommen sein mußte. Bei starker Fieberhitze gab man den Patienten in jede Hand einen Laubfrosch und befiel heftiges Nasenbluten Kind oder Gesind, so befand sich in der Hausapotheke in einem seidenen Beutellein eine vorsichtig im Schatten gedörrte Kröte, die der Erkrankte in der linken (Herzens-) Hand halten, mußte bis das Blut stand.

Um die Geburt zu erleichtern legte man der Kreisenden eine Schlangenhaut oder einen Riemen von Menschenleder um den bloßen Leib. Die letzeren fanden sich hin und wieder in den Apotheken, z. B. in denen von Kopenhagen (1672), Dresden (1652), Leipzig (1669). Sie waren theuer und kosteten das Stück in Leipzig 3 und in Kopenhagen 4 Thaler. Wahrscheinlich wurden sie öfter und billiger vom Scharfrichter bezogen.

In dem ganzen Amulettkram steckte uraltes Zauberwesen und manchmal findet man gar keinen Zusammenhang zwischen der Beschaffenheit der Amuletten und der Krankheit, welche sie verhindern oder heilen sollen. Was in aller Welt kann die Menschen veranlaßt haben, den Kindern gegen das nächtlich Bettnässen, die Kiefer des männlichen Hirschkäfers umzuhängen? Warum trug man und trägt man theilweise noch rothe Korallen gegen Verzauberung und bösen Blick? Etwa deshalb, weil die Korallen wie der Zauber selbst etwas Geheimnißvolles, den damaligen Menschen noch durchaus Unerklärliches waren? Weshalb steckte man sich Metallringe,

die

die neun Tage lang mit neun lebenden Eidechsen in einem Gefäß eingeschlossen gewesen waren, gegen Triefaugen an? Wer kam wohl zuerst darauf einen gedörrten Kuckuck in einen Hasenbalg eingenäht oder ein Reis vom Horst einer Weihe unter das Kopfkissen zu legen um den Schlaf zu befördern? Ist es nicht Wahnsinn gegen geschwollene Mandeln eine karmoisinrothe Seidenschnur um den Hals zu tragen, mit der man vorher eine Kreuzotter strangulirt hat? Was sollte es wohl gegen den Schwindel nutzen, wenn man sich blaue Perlen aus pulverisirter Menschenhirnschale, Elennshorn, Pfauenmist, armenischem Bolus, Lapis Lazuli und Tragant machte? Darin, daß man den Staub, in dem sich eine Mauleselin gewälzt hatte, als Antaphrodisiakum mit sich führt, liegt noch eine Spur von Grund, denn die Mauleselinnen sind unfruchtbar und sollen überhaupt nicht rossig werden.

Ganze Thiere hat die Heilkunst früherer Tage vielfach benutzt. Nicht leicht war ihr ein Thier zu groß oder zu klein. Vergiftete Menschen nähte man in frisch geschlachtete, blutwarme, noch zuckende Kamele oder Maulthiere ein. So geschah es mit einem König Ladislaus von Neapel und mit Cesare Borgia, der eine Portion Gift, Aconit, das sein guter Vater, Papst Alexander VI., einem Anderen zugedacht hatte, aus Versehen austrank. Bei heftigen Gehirnerkrankungen, Entzündungen, Dilirien u. s. w. wurde wohl auch eine, besonders schwarze Henne oder ein junger Hund lebendig aufgeschnitten und warm und zapplend auf den Kopf gelegt. Ebenso verfuhr man bei Seitenstechen mit einer Katze und um die Schmerzen der Frostbeulen zu lindern und diese gänzlich zu vertreiben mit einer lebendig zerrissenen Hausmaus. Ein unheimliches, vom Menschenleib gewonnenes Medikament

ment war die Aqua divina, die Schroeder folgendermaaßen zuzubereiten empfiehlt: „Nimm den gantzen Leib mit Gebeinen, Fleisch, und denen Lebens-Gliedern, (der durch einen gewaltsamen Tod umkommen) schneid ihn in kleine Stück und subigir alle Theile des Leibes wohl, damit nichts ungemischet bleibe, dann destillire 2 mal.“ Diese Aqua divina wurde zu Sympathiekuren angewendet. Sonst benutzte man in der Regel die gebrannte Asche ganzer Säugethiere. Besonders war die Asche des Maulwurfs, eines von der alten Medizin hochgeschätzten, weil geheimnißvollen Thieres, äußerlich mit Honig viel im Gebrauch gegen Kropf, Rheumatismus und Skorpionstiche. Hausmausasche mit Baumöl war ein Schönheitsmittel oder diente, wie man vordem sagte, „zum Angesicht“, die Asche der Spitzmaus gegen Epilepsie und die der Wassermaus, nach schöner Signatur, gegen die Wassersucht. Von der Asche eines ohne Kopf und Eingeweide verbrannten Hasen gab man ½—1 Eßlöffel in Weißwein gegen den Stein.

Wie die Asche der Wassermaus so benutzte man auch und aus gleicher Ursache die der Wasseramsel gegen die Wassersucht, gegen die Epilepsie wurden zwei, dem Volke unheimliche, geheimnißvolle Vögel gebrannt verwendet: der Wendehals und der Kuckuck, letzterer noch zu Bechsteins Zeit (1801). Aber was will das heißen? — ich weiß bestimmt, daß noch heute in sehr vornehmen und, wie man daher wohl mit Recht voraussetzen dürfte, auch sehr gebildeten Familien der grasse, dumme Aberglaube herrscht, Elsterasche sei ein unfehlbares Mittel gegen die fallende Sucht! À la fin du siècle! Wer lacht da? — Wie das Volk einen Zusammenhang zwischen Nierenkolik und Thurmschwalben herausgedeutelt hat

hat, ist mir räthselhaft geblieben, man verzehrte sie aber gebraten um dem Uebel abzuhelfen. Zaunskönige, die überall herumschlüpfen, rupfte man, hackte sie fein und servirte sie als Rohgehacktes mit vielem Salz den Steinkranken. Aus Schwalben, den beliebten Gästen von Haus und Stall, machte man allerei köstliche Medizin, es mußten aber Rauch- oder Stachelschwalben (Hirundo rustica) sein. Aus den Jungen bereitete man ein „Schwalbenwasser" gegen fallende Sucht, es vertrieb auch die „Hirnmüthigkeit" und machte ein „gutnatürlich Gehirn". Oder man zerstieß ihrer 12, aber blos je 4 auf einmal, bei Leibe nicht mehr und nicht weniger! mitsammt den Federn zur Herstellung einer Salbe gegen Lähmung, Sehnenverhärtung und dergl. Ein berühmtes Waschmittel eine schöne Haut zu erzielen, bereitete man folgendermaaßen: man nahm einen weißen Kapaun, fütterte ihn 14 Tage lang ausschließlich mit geschältem, in Ziegenmilch gequollenem Reis, erwürgte ihn darauf, hackte ihn mit dem Gefieder und Allem klein und stellte ein „Wasser" daraus her.

Am wichtigstens aber traten als ganze Thiere die Reptilien in der alten Materia medica auf. Machte man doch wesentlich aus ihnen zwei der bedeutsamsten Medikamente des Alterthums und des Mittelalters, die Theriak und den Mithridat.

Die den Tod bringende Giftschlange barg nach der Ueberzeugung der Alten viel herrliche Heilmittel und sie war dem Aeskulap heilig, was fast wie eine Satyre aussieht. Sie war das Hauptbestandtheil der Theriak, aber nicht von Anfang an, erst Andromachus, der Leibarzt des Kaisers Nero, fügte sie hinzu und seitdem ist das Medikament viel wirksamer und heißt auch Theriaca Andromachi. Sie bestand aus 63 Simplicia, von denen blos Bibergeil

geil und Vipern thierischen Ursprungs sind. In späterer Zeit unter Einfluß der Araber hieß das Mittel Theriaca Affarath und galt als die höchste aller Arzneien. Vielleicht wurde sie in anderer Weise zubereitet, und ich habe in der ganzen, von mir daraufhin durchgestöberten Litteratur kaum zwei gleiche Rezepte für Theriakbereitung überhaupt aufzufinden vermocht. Außerdem führte man noch im vorigen Jahrhundert in deutschen Apotheken zwei Arten Theriak, eine bessere, viel kostbarere mit dem Vipernpräparat und eine billigere, die gemeine oder deutsche Theriak „für die armen Leut", in welcher die von der Schlange gewonnen Stoffe durch Pestilenzwurzel ersetzt waren. Ursprünglich bereitete man in Deutschland die Theriak aus Kreuzottern, Steinbocksgalle, Bibergeil und vielerlei Kräutern. Man nahm frischgefangene Kreuzottern, aber merkwürdig genug nur Weibchen, und hackte ihnen den Kopf ab. Die bald darauf sterbenden Vipern waren minderwerthig, die Thiere galten für um so besser, je länger sie sich in dekapitirtem Zustande krümmten und wanden. Waren sie todt, so kochte man sie mit Salz und Dill bis alle Weichtheile aufgelöst waren, dann filterirte und digerirte man die Sache und setzte die andern Bestandtheile hinzu. Bald wurde die Methode vereinfacht, indem man das Vipernpräparat rein darstellte und als pastilli oder Trochisci viperini in Gestalt von Pastillen in den Handel brachte. Das geschah zuerst von Padua aus, wo die Vipern im April auf bestimmten Bergen, den Euganeïschen, gesammelt werden mußten. Jene Pastillen waren hellgelb, durchscheinend, zerbrechlich und von fadem, schleimigen Geschmack. Nur die waren echt, die mit einem Stempel versehen waren, der eine sich aufrecht emporwindende Schlange

Schlange mit einem schönen Mädchenkopf zeigte. Später scheint Venedig den Handel mit Trochisci viperini an sich gerissen zu haben und im Publikum war man der Ansicht, die einzig guten kämen von dort her, sehr zum Aerger der deutschen Apotheker, die mit allen möglichen, oft sehr drolligen Mitteln und Verdächtigungen gegen diese, für ihr Geschäft schädliche Meinung agitirten. Die Theriakpastillen wurden erst recht heilkräftig, wenn sie ein gewisses Alter erreicht hatten und Avicenna vergleicht sie in dieser Beziehung mit den Lebensstufen des Menschen: sie haben, wie diese, eine Zeit des Emporwachsens, des Blühens und des Verfalls.

Diese Küchelchen oder Plätzchen waren nur ein Bestandtheil dessen, was man eigentlich unter Theriak verstand. Die Zubereitung dieser Panacée war eine ernste, feierliche Angelegenheit und wurde unter Beobachtung zunftmäßiger Gebräuche vollzogen. Der Apotheker, der beabsichtigte eine Theriak zu kochen, lud seine Kollegen, den Bürgermeister, etliche Rathsherrn und sämmtliche Aerzte seines Wohnorts zum Zuschauen und Untersuchen der einzelnen Stoffe, die er verwenden wollte, ein. Wohnte er in einer Universitätstadt, so durften selbstverständlich die Professoren und Magister der medizinischen Fakultät nicht fehlen. Zahlreiche Studenten schlossen sich unaufgefordert nur zu gern an und aus guten Gründen, denn ohne eine solenne Kollation, ein tüchtiges Frühstück ging es dabei nicht ab, — „das also manchem Apotheker nicht geringe Unkosten auf seiner Theriak gehen" sagt der alte, von mir schon mehrfach erwähnte Pansa, der, nebenbei bemerkt, die ganze Prozedur für Schwindel und auf Reklame hinauslaufend hält. Der Ursprung des Namens Theriak ist übrigens nicht ganz klar. Die Alten leiten ihn vom griechischen

schen θήριον ab, es ist aber fraglich, ob das richtig ist.

Nicht weniger gehen die Mittheilungen über die Zusammensetzung des Mithridat auseinander, doch sollen seine Hauptbestandtheile, wie bei der Theriak, Bibergeil, aber statt Viper, Skink und Entenblut gewesen sein. Skink (Scincus officinalis) ist eine mittelgroße Eidechse, die sandige Gegenden des nördlichen Afrikas bewohnt, von Skorpionen lebt und daher die Alten vielleicht auf den Gedanken brachte, daß sie giftfest sei. Von dieser Meinung bis zur Verwendung des Thieres zu einem Gegengift ist unter dem Einfluß der Signaturen nur ein kleiner Schritt. In der Regel wird gesagt, Mithridates der Große, König von Pontus sei der Erfinder dieses nach ihm benannten Gegengiftes gewesen, und er habe an zum Tode verurtheilten Verbrechern experimentirt, indem er sie erst vergiftete und ihnen dann das Gegengift gab. Da er ein mißtrauischer Tyrann war, nahm er fortwährend selbst von seinem Geheimmittel ein und wurde schließlich so giftfest, daß er sich, nachdem ihn Pompejus überwunden hatte, nicht vergiften konnte, sondern sich von seinem Diener erstechen lassen mußte, um der Schmach zu entgehen in Rom im Triumphzug seines Besiegers mit zu figuriren.

Der Skink wurde auch anderweitig in der Medizin benutzt, namentlich galt er als Aphrodisiakum und es ist noch gar nicht lange her, daß er als Stinz Marie, verdorben aus dem alten officinellen Namen Scincus marinus, von den Bauern in den Apotheken verlangt wurde. Man machte auch mit Essig und Oel, eine Salbe aus diesem Thiere, die man als Anästhetikum anwandte, wenn jemand einer Operation unterworfen werden sollte.

Zu

Zu Gegengiften bediente man sich der Reptilien, die meist selbst für giftig galten, überhaupt gern, sowohl gegen den Biß und Stich giftiger Thiere, wie gegen Pest, Aussatz und Syphilis, die man auch als Folgen einer Vergiftung ansah. Den abgehackten Kopf derselben Kreuzotter, durch welche jemand gebissen worden war, legte man ihm auf die Wunde, — das Oel, in dem Geckos getödtet waren, half gegen die Folge des Skorpionstichs, — als Vorbeugungsmittel gegen Aussatz trank man die Asche von Schlangen in Wein, — gegen die Pest mußte selbst die harmlose Blindschleiche zur Herstellung eines Gegengifts herhalten. Auch die grüne Eidechse wurde im 16ten und 17ten Jahrhundert in Deutschland offizinell angewendet, indem man sie zerschnitt und sie auf eingestoßene Splitter legte, die dadurch ausgestoßen werden sollten. Offenbar liegt hier dieselbe Idee zu Grunde, wie bei der Benutzung der Reptilien gegen Gift überhaupt. Ein Splitter brachte ebenso gut wie eine Schlange eine bösartige, bisweilen zum Tode führende Wunde hervor. Auch die Alten, Dioscorides, Plinius, Galen, Paulus Aegetina u. a. m. stimmen über den Nutzen der Eidechsen überein und während Beireis sich darüber lustig macht, empfiehlt noch der große Friedrich Hoffmann, nächst Boerhave der bedeutendste Arzt des vorigen Jahrhunderts, das Pulver von einer am Feuer gedörrten mexikanischen Eidechse gegen Syphilis. Er nennt sie „Tapagachin", was offenbar eine andere Aussprache für Tapayaxin (Phrynosoma orbiculare), die Krötenechse ist. Es ist dieses Thier das häßlichste Reptil, das es giebt, kurzschwänzig, breitbäuchig, träg sich bewegend und mit Dornen und Warzen besetzt, — nur ein Zoologe kann allenfalls ein solches Scheusal ohne Widerwillen ansehen.

Jene

Jene Mittheilungen von Hoffmann waren fast vergessen, da kam aus Südamerika im Jahre 1783 durch einen Dr. Florez die Nachricht nach Cadix, man habe in Guatemala ein unfehlbares, bequemes, nicht mit übeln Folgen verbundenes Mittel gegen die Syphilis gefunden, nämlich den Genuß des noch zuckenden Fleisches lebend zerschnittener Eidechsen. Die Sache erregte natürlich das größte Aufsehen, überall experimentirte man und machte den Eidechsen das Leben sauer. Es erschien eine ganze Litteratur über die Sache mit den nöthigen Pro's und Contra's, aber die Wogen der französischen Revolution spülten auch den ephemeren Ruhm der Eidechsen als Hilfsmittel gegen Syphilis hinweg. — Der Braten von verschiedenen Schlangen galt als schweiß- und urintreibend, da aber das Publikum doch vielfach an solchen Leckerbissen Anstoß nahm, so verfielen die alten Aerzte in ihrer Naivetät auf einen köstlichen Ausweg: sie ließen Gänse und Hühner mehrere Tage fasten, fütterten dann die sehr hungrigen, daher nichts weniger als wählerischen Thiere einige Zeit ausschließlich mit kleingeschnittenen Schlangen, um endlich die Vögel schlachten und den Patienten gebraten vorsetzen zu lassen.

Unter den Amphibien sind es die Kröten, die, lebend mit einem spitzen Holz durch den Kopf gestoßen, aufgehängt und an der Sonne gedörrt und dann pulverisirt, ganz ähnlich wie Eidechsen verwendet wurden. Man hielt sie für höchst giftig und sie mußten gegen Syphilis, Hundswuth u. s. w. dienen, ja noch 1829 wurden sie bei bösartigen Geschwüren, Krebs u. s. w. innerlich und äußerlich gebraucht! Obwohl der Feuersalamander sonst im Aberglauben keine kleine Rolle gespielt hat und gleichfalls für tausendmal giftiger galt, als er ist, kommt er als Gegen-

gift

gift nirgends in Betracht, wohl aber in Honig eingemacht als Aphrodisiakum. Die harmlosen Froscharten wurden entweder zerquetscht oder als Asche äußerlich gegen Entzündungen und Blutungen angewendet.

Das von den Fischen die Schleie lebend benutzt wurde, sahen wir schon, aber es giebt noch einige andere Fälle, in denen Fische in ganzen zur Verwendung in der materia medica kamen. Denn die Sardellen wurden zwar in gewiegter Form auf Warzen aufgelegt und die Seepferdchen zu Pulver verbrannt als Wurmmittel gegeben, aber es kam doch ihr ganzer Leib dem Patienten zu gute. Einen gesalzenen Hering unmittelbar aus der Tonne, mit Pfeffer bestreut sammt Floßen, Schuppen und Gräten ohne Trunk als Mittel gegen das Fieber hinunterzuessen ist in manchen Gegenden heute noch Sitte, war es schon 1737 und damals bereits sagte man wie heute: die Gräten reinigen den Darm!

Zu einem Geheimmittel wider die Trunksucht benutzte man manche Fische, namentlich Aale, am Mittelmeer auch den Pagel (Erythrinus), indem man sie sich in Wein oder Branntwein zu Tode quälen ließ und die abfiltrirte Flüssigkeit dem Patienten mit oder ohne sein Vorwissen zu trinken gab.

Von den Mollusken dienten die gehäuselosen, gemeinen Wegschnecken vielfach als Schönheitsmittel, zur Erhaltung des Teints und zur Vertreibung der Sommersprossen, indem man sie ganz zerschnitt und solang kochte bis sie eine schleimige Suppe bildeten oder indem man ein Wasser aus ihnen darstellte. Mit ihrer Asche heilte man die Krätze und allerei Hautschrunden, sie wurde auch bei Fußleiden benutzt. Man band die Thiere ferner bei Wassersucht leben-

dig

dig dem Patienten auf den Leib und legte sie auf Pestbeulen auf. Die Weinbergschnecke wurde mitsammt ihrer Schale zu einem Brei zerstampft und mit Eidotter auf triefende Augen gestrichen. Die an sonnigen Orten lebenden, würzhafte Kräuter genießenden galten als die besten und mußten vor Sonnenaufgang gesammelt werden. Andere Arten von Gehäuseschnecken (die von der Insel Stampolia hielt man für die vorzüglichsten!) benutzten die Römer gegen die Bräune und die kleinen, die man auf niederen Pflanzen in dürren Gegenden findet, wider den Kropf der Weiber. Die unscheinbaren Schneckchen des süßen Wassers brennt man zu Pulver, das beim viertägigen Fieber verabfolgt wird.

Als Aphrodisiaka sah man die lebend genossenen Thiere der Mondschnecken (Nerita), der Kammmuscheln (Pecten) und seit je bis heute die Austern an. Die letztern galten außerdem als schlafbefördernd bei den Römern, die sie bekanntlich ebenso verehrten wie wir und auch von den Alpen bezogenes Eis benutzten um sie frisch zu erhalten: „Der Luxus, sagt Plinius, vereinigt auf diese Art die Spitzen der hohen Berge mit der Tiefe des Meeres.“ Daß die Mies- oder Pfahlmuschel ab und zu giftige Eigenschaften besitzt, wußte man schon seit Alters und es ist wohl diese Eigenthümlichkeit, die ihr neben andern giftigen Thieren den Ruhm eines Gegengiftes gegen die Wirkung des Bisses der tollen Hunde eingetragen hat.

Keine Thierklasse hat der materia medica der Vergangenheit zahlreichere, ganze Simplicia geliefert als die der Insekten. Und das ist natürlich genug, denn sie sind in vielen Arten vertreten und dabei meist so klein, daß es nicht lohnt sie zu zerstückeln.

Aus den modernen Apotheken sind ganze Thiere

fast

fast völlig verschwunden, nur ein paar Käferarten, die man mit dem Gesammtnamen Kanthariden, spanische Fliegen, bezeichnet, haben sich hier seit dem Alterthum bis auf den heutigen Tag erhalten. Die Alten benutzten gelb und blau quergebänderte, um das Mittelmeer häufige Arten der Gattung Mylabris; wir beziehen diese auch jetzt noch, wenden daneben aber außerdem unsere einheimische hellgrüne Lytta vesicatoria an. Ihre innerlichen und äußerlichen Eigenschaften sind bekannt genug. Erwähnt sei nur, daß Herkules Saxonia sie 1595 innerlich gegen die Pest gab, worüber er mit seinen Kollegen Alexander Masoarias in eine heftige Fehde gerieth, da letzterer dieses Vorgehen unverantwortlich fand und wohl nicht mit Unrecht. Aber was scheerte das die meisten alten Aerzte, die verfuhren genau so, wie Faust von sich und seinem Vater sagt:

So haben wir mit höllischen Latwergen,
In diesen Thälern diesen Bergen,
Weit schlimmer als die Pest getobt.

Eine weitere, in der Geschichte der Heilmittelkunde bekannte Käfergattung ist die der Maiwürmer (Meloë), die als besonderes Spezifikum wieder den Biß toller Hunde galten. Im Jahre 1776 bot ein schlesischer Bauer das Geheimniß der Bereitung dieses Mittels gegen die Wasserscheu für eine bedeutende Summe aus, das der alte Fritz, der sonst wahrhaftig seine Groschen ansah, nicht nur kaufte, sondern hochherzig sofort öffentlich bekannt gab. Verkäufer und Käufer wußten nicht, daß die Zubereitung einer derartigen Potio antilyssa, Trunk wider die Hundswuth, schon von Selle veröffentlicht und russischen Bauern, sowie deutschen Jägern und Schäfern nicht fremd war. Selle soll die geköpften Thiere in Baumöl

geworfen

geworfen haben und zwar deren 60 auf ein Pfund Oel, wovon der Patient, je nach der Individualität, 2—4 Loth auf einmal erhielt. Bei Verfertigung des preußischen Antidots wurden die Thiere mit Hölzchen aufgehoben und oberhalb eines Gefäßes mit Honig ihres Kopfes beraubt, damit von dem ölartigen gelben Saft, der den Körper durchzieht und in dem das Wesentliche sitzt, nichts verloren ginge. Man ist jetzt, vielleicht mit Unrecht, von dem Gebrauch der Maiwürmer bei Wasserscheu ganz zurückgekommen.

Es ist merkwürdig, daß zwei sehr in die Augen fallende Käferformen, die Johanniswürmchen oder Glühkäferchen, sowie der starkduftende Moschusbock (Aromia moschata), ein nur ganz bescheidenes Plätzchen in der alten Medizin gefunden haben: erstere wurden pulverisirt und mit süßem Mandelöl und Tragant zu Pastillen verarbeitet gegen den Stein gegeben und über den zweiten habe ich eine Notiz gefunden, des Inhalts: „wird wie Moschus benutzt". Mistkäfer wurden in Leinöl gesotten und dieses dann äußerlich gegen Hämorrhoiden angewendet, was auf eine prachtvolle Signatur hinweist. Merkwürdig ist aber, daß man denselben Käfer sehr fein pulverisirte und das Pulver als stärkend in die Augen blies.

Viel benutzt wurden die Maikäfer, weil sie häufige und dabei doch durch ihr periodischen Schwankungen unterliegendes Auftreten geheimnißvolle, und die Hirschkäfer, weil sie große und auffallende Thiere sind. Der Genuß von Engerlingen galt für nervenstärkend, und man gewann aus ihnen ein Oel, das äußerlich bei Rheumatismus applizirt wurde. Der ausgebildete Maikäfer war in Honig oder als Suppe eines der bekanntesten Aphrodisiaka, ein aus ihm

ihm dargestelltes Oel wandte man bei Gelenkschmerzen an, und wenn er getrocknet und pulverisirt war, verabfolgte man ihn Steinkranken. Hirschkäferpulver hingegen hielt man für niederschlagend, als gut gegen Rheumatismus und Wassersucht und ein aus ihm bereitetes Oel wurde bei Tic douloureux eingerieben. Daß man glaubte, als man den riesenhaften südamerikanischen Herkuleskäfer kennen lernte, aus ihm ein nervenstärkendes Pulver bereiten zu können, ist nicht in mindesten verwunderlich, denn das Insekt war in hervorragender Weise dahin signirt. Die übrigen Käfer der Volksmedizin sind meist Mittel gegen Zahnschmerzen (Coccinellen, Rüsselkäfer, besonders die als Larven in Disteln wohnenden Arten von Larinus, verschiedene Laufkäfer, Chrysomelen u. s. w.). Den gebrannten und pulverisirten Larven des Kornwurmes schrieb man blutstillende Kräfte zu.

Zu denjenigen Insekten, die noch nicht ganz aus der Heilkunde verschwunden sind, gehören die Ameisen, obwohl man jetzt den in ihnen vorhandenen, wirksamen Stoff auf ganz andere Weise darzustellen versteht. Einst gewann man aus ihnen die berühmte aqua magnanimitatis, das Wasser der Hochherzigkeit, ein Hauptmittel gegen Scharbock, Wassersucht und Apoplexie. Ihr sauerer Geruch erquickte in „wunderlicher Weis" und lebend ganz genossen, regten sie zu „Liebeswerken" an. Das „Würmblein so in den Schlafkautzen ist", d. h. die Larve derjenigen Gallenwespe, welche die eigenthümlichen, haarigen, als Schlafäpfel oder Bedeguar bekannten Gallen an Rosen erzeugt (Rhodites rosae), wurde als Heilmittel bei Zahnschmerzen in die hohlen Zähne gesteckt. Auch in diesem Falle waltete eine Signatur. Man dachte sich nämlich, alle bohrende Schmerzen rührten von Würmern her und glaubte das denn auch bei den Zahnschmerzen, und eine beliebte Signatur beachtend, verfuhr man nach dem „similia similibus expellantur“, Aehnliches durch Aehnliches zu vertrieben. Asche von Bienen und getrockneten Hummeln, als von auffallend haarigen Insekten, benutzte man gegen Kahlköpfigkeit, ebenso die Asche größerer Fliegen, die man Bremsen nannte, ein Kollektivname wahrscheinlich, der alle haarigen Fliegenformen (Bombylius, Volucella u. s. w.) umfaßt haben wird. Merkwürdig ist es, daß man der gemeinen Stubenfliege öfters als Mittel gegen Augenleiden begegnet, so als Amulett, als Augenwasser und als Augenpulver. Das letztere sollte am besten aus eingetrockneten Fliegenkadavern hergestellt werden, die man im Winter aus alten Spinnennetzen nahm. Sollten vielleicht die großen, zusammengesetzten Augen der Stubenfliegen und die bedeutende Sehkraft dieser Thiere, die sich durch ihre Schlauheit im Entfliehen darthut, als Signatur gedient haben? Aus der Ordnung der Fliegen stammt auch ein Medikament, an dem die Erinnerung im Volke, nicht ohne humoristischen Beigeschmack, noch lebendig ist, — das Mückenfett, das als zertheilend und auflösend angesehen und durch das Kochen ganzer Fliegen gewonnen wurde. Mücken hießen nämlich bei unsern Vorfahren alle Fliegen, während bei uns der Name blos für die zarten Tipuliden angewendet wird. Aus Fliegenlarven bereitet man nach Aldrovandi, ein wunderliches Mittel gegen Podagra: man vergrub einen lebendigen Milan in Pferdemist und ließ ihn hier krepiren. Aus den Maden, die sich in dem Kadaver entwickelten machte man ein Pflaster.

Als auflösend wurden zerquetschte Schmetterlinge äußerlich in Anwendung gebracht, der einzige Fall meines Wissens, in dem diese Insekten in ausgebildetem

tem Zustande in der Heilkunde verwerthet wurden, während man ihren Larven und Theilen derselben in der alten Materia medica öfters begegnet. So verabfolgte man die Weidenbohrerraupe, die, berührt, einen Milchsaft von sich giebt, innerlich als Pulver zur Vermehrung der Milch. Gegen Schwindel streute man sich gedörrte, pulverisirte Seidenraupen auf den rasirten Kopf und gegen Nasenbluten schnupfte man gleichfalls ein aus ihnen und anderen Raupen bereitetes Pulver.

Die Kopfläuse, die der Mensch gewissermaßen als Stücke seiner selbst ansah und die sich vordem einer viel größern Popularität erfreuten, auch lange nicht so abfällig beurtheilt wurden und auf ihren Inhaber lange kein so ungünstiges Licht warfen, wie gegenwärtig, wurden in der Volksmedizin vielfach benutzt. Gegen Katarakt der Augen empfiehlt die hochgeborene Gräfin Kent: „Nehmt 2 oder 3 Läuse von Jemandes Kopf, thut sie lebend in das böse Auge und macht es zu, darauf werden die Läuse das Fell oder übergewachsene Häutchen aussaugen und ohne eine einzige Verletzung des Auges wegbringen.“ Gegen kaltes Fieber und Verstopfung gab man diese Thiere in bestimmten Zahlen ein. Der originellste Gebrauch, den aber die Heilkunde von Läusen je gemacht hat, liegt auf dem Gebiete der Chirurgie: wenn nämlich Jemand an Harnverhaltung litt, so mußten sie den Dienst der nachmaligen Katheter versehen: man brachte eine Filzlaus mit dem Kopf voran in die Harnröhre des Patienten, wo dieselbe durch ihre Bewegungen einen Reiz ausübte, der unter Umständen wohl auf die Blase mag zurückgewirkt haben. Ich will erwähnen, daß es noch ein anderes Mittel gab, das mit ähnlichem Erfolg angewendet wurde. Man nahm drei Haare von

von der Vorhaut eines Ziegenbocks, kugelte sie zwischen den Fingern zu einem kleinen Klümpchen zusammen und führte dieses gleichfalls in die Harnröhe ein. Hier werden sich die hygroskopischen Haare bald bewegt und einen beträchtlichen Reiz ausgeübt haben. Filzläuse wurden stellenweise als Amuletten angesehen. Fuhrleute und Ablader sorgen vielfach noch heute dafür, daß sie immer einige von diesen Gästen an sich haben, die gegen das Verheben schützen sollen. Man darf sich das Ungeziefer auf keine andere Weise erwerben, als daß man sich ihrer eine ungerade Anzahl schenken läßt. Von den Schafläusen (Melophagus melinus) weiß Merklein zu berichten: „Die Schaafsläuse thuen Wunder in der laufenden Gicht, wenn man derer an Zahl 9 auf einmal einnimmt.“

Sonst benutzte man aus der ungeheuern Schaar der Insekten noch die Larve des Ameisenlöwen als Asche äußerlich gegen Verhärtungen von Drüsen, Maulwurfsgrillenpulver gleichfalls äußerlich bei Kropf, die edle Cochenille innerlich gegen Fieber, Stein und Harngries. Wider Blasenleiden wurde Cikaden, gegen Harnverhalten Heuschrecken und Bettwanzen als Pulver innerlich verabreicht. Das Pulver der letztern war auch als ein Mittel gegen Intermittens in Ansehen, sowie Blattlausasche mit Honig äußerlich gegen Ohrenzwang. Auch gegen Zahnweh wurde der Gehörgang mit Rosenöl und Blattläusen ausgerieben, aber blos mit der Art, die auf den Malven lebt. Die Kermeskörner, die man lange, wie auch die Cochenille für pflanzliche Produkte hielt, wurden als herz- und magenstärkend angesehen.

Zu den Spinnenthieren gehört ein Geschöpf, das seiner Zeit in der alten Heilkunde ein beinahe

so

so großes Ansehen genoß wie die Viper, das ist der Skorpion, der gegen Vergiftung, Mondsucht, Stein, Blasenleiden u. s. w. in Gestalt von Oel und Pulver, gegen Stein auch geschmort auf Butterbrot gebraucht wurde. Für die besten, weil giftigsten Skorpione hielt man die von der Insel Ferro und mußten sie gesammelt werden, wenn die Sonne im Zeichen des Löwen war, das ist von Mitte August bis Mitte September. Das Skorpionöl gewann man, indem man die Thiere lebendig in Bittermandelöl oder auch einfach in Baumöl warf und dasselbe während einer bestimmten (aber in den verschiedenen Rezepten schwankenden) Zahl von Tagen an der Sonne digeriren ließ. Es gab drei Arten Skorpionöl: das große von Matthioli, das gemeine und das blutrothe, die sich wahrscheinlich durch Zusätze anderer Mittel werden unterschieden haben. Um die Asche zu gewinnen, schnitt man den Skorpionen die Stachel ab, warf sie darauf in ein messingerenes Gefäß und brannte sie in denselben über ein Feuer von Weinreben. Auf Mücken- und Fliegenstiche legte man zerquetschte Spinnen, „maaßen die Spinn seynd feindlich den Mücken" und gegen Gelbsucht verwendete man innerlich pulverisirte Schafzecken.

Von den Krebsen wurden der Flußkrebs im ganzen und in seinen Theilen, sowie Kellerasseln viel benutzt. Gegen Melancholie sollte man Flußkrebse essen, bis sich ein kritischer, rother Hautausschlag zeigte, gegen Skorpionstiche benutzte man ihn pulverisirt mit Eselinnenmilch und Wein, gegen die Bräune fand er innerlich und äußerlich Anwendung und zerstoßen und zu Salbe verarbeitet diente er bei Brandwunden. Unter allen Umständen war der Krebs um so heilkräftiger,

tiger, je lebhafter das Wasser floß, aus dem er stammte.

Die Asseln, die am besten aus Kleinasien (Armadillo officinarum) kamen, wurden noch vor 70 Jahren in den bayerischen und hannoverischen Apotheken geführt. Man benutzte sie zerquetscht in Gestalt von Umschlägen gegen Bräune, auch als Salbe mit Honig, oder verrieb ihrer 21 Stück mit einer halben Kanne Meth und ließ den Trank durch ein Röhrlein einschlürfen: denn käme er mit den Zähnen in Berührung, so würde er an Kraft einbüßen. Das Pulver von Kellerasseln, innerlich genommen, erleichtert das Athmen beträchtlich, mit Wein getrunken, nutzt es gegen den Stein und Harnverhaltung. Mit Butter machte man aus Asseln eine Salbe gegen die Hämorrhoiden oder „wider die güldene Ader". Aber sie halfen auch bei Gliederverkrümmungen „und das nicht allein, betont ein alter Arzt, Merklein, wegen der Signatur, indem sich diese Würmlein nicht viel anders zu krümmen und zusammen zu biegen pflegen, als wie sich diejenigen Glieder und Theile des menschlichen Leibes krümmen und zusammenziehen."

Aus der Klasse der Würmer ist in der alten Heilkunde seit den Tagen Galens besonders ein Thier hochangesehen, das ist der Regenwurm. Noch eine Göttinger Dissertation von 1786 lobt die Regenwürmer als Mittel gegen: Gicht, Gelbsucht, Wassersucht, Milzkrankheiten, Lähmung, Schlagfluß, Konvulsionen, Krämpfe, Tollwuth, Ohrenleiden, Eingeweidewürmer, Panaritium, Skropheln, Skorbut, Harnverhalten, sie sind weiter schweißtreibend und schmerzlindernd. Aber nicht alle Aerzte huldigten dieser Ansicht. Schon 1760 sagte Professor B. Vogel in seiner Geschichte der Materia medica: „wer

„wer soviel Wesens von den Heilkräften des Regenwurms macht, hat noch nie durch das Experiment, das allein den Ausschlag geben kann, nachgewiesen, daß sie so viele Krankheiten heilen." Die Würmer mußten im Frühjahr zur Begattungszeit gesammelt sein, wenn sie den Gürtel (den gelben Ring am Halse, sagen die Alten) hatten, andere waren giftig und unrein. Man schnitt ihnen beide Körperenden ab, quetschte sie aus, wusch sie und trocknete sie vorsichtig. So wurden sie zu Oel, Wassern, Extrakten, Pulvern u. s. w. verarbeitet. Ich erinnere mich aus sehr früher Jugend, es mag einige vierzig Jahre her sein, daß man mir, als ich an Bräune litt, eine Anzahl, zwischen einem feuchten, leinenen Tuche befindlicher, lebendiger Regenwürmer um den Hals legte. Die Aufgabe der Thiere war es hier zu sterben, dürre und schwarz zu werden, dann hatten sie den Krankheitsstoff an sich genommen und ich war geheilt. Uebrigens ist das Mittel nicht so uneben, wenn auch seine wirkende Kraft nicht auf Rechnung der Würmer sondern des feuchten Lappens zu setzen sein dürfte.

Die Blutegel wurden als blutenziehend im klassischen Alterthum schon seit Jahrhunderten und von den Chinesen seit Jahrtausenden vor unserer Zeitrechnung in Anwendung gebracht. Der patrizische Konsul Massalinus starb nach dem Bericht des Plinius an einer bösartigen Wunde am Knie, die dadurch entstanden sein sollte, daß ein ungeschickt abgenommener Blutegel seinen Kopf zurückließ. Man benutzte außerdem die Blutegel mit dunkelm Rothwein, in dem man sie 60 Tage hatte faulen lassen, als Mittel zum Schwarzfärben der Haare. Auch Eingeweidewürmer wurden gelegentlich als Heilmittel gebraucht. So nahm man den ersten Wurm, der einem Kinde abging,

ging, wusch ihn, dörrte ihn und zerstieß ihn zu Pulver, das man demselben Kinde eingab, so „gehen alle Würmer von ihm und wachsen keine wiederum.“ Vorher ließ man gezuckerte Milch trinken „um die Würmer aus ihren Löchern zu locken“.

Von ganzen Stachelhäutern finde ich blos die Seeigel als Heilmittel erwähnt und zwar nur bei Lémery: nach diesem sind sie abführend, reinigend, auflösend und stärkend.

Weit vielseitiger war der Gebrauch, den man von gewissen Hohlthieren machte. Der rothen Korallen als Amulette wurde schon gedacht. Sie wurden aber außerdem, wie Schröder 1685 angiebt, angesehen als: erwärmend, magen- und leberstärkend, vor Pest, Gift, bösartigem Fieber schützend, des Menschen Gemüth erheiternd, alle Blutflüsse stillend, die Kinder vor Krämpfen bewahrend und äußerlich angewendet Geschwüre heilend und die Augen kräftigend. Von rothen Korallen führten die alten Apotheken: pulvis, solutiones, tinctura, essentia, flores, folia, olea, spiritus et magisterium. Dieses letztere stellte man so dar, daß man Korallen in Essigsäure auflöste, filtrirte, den Rückstand mit Virtriolöl (Schwefelsäure) behandelte, wodurch sich ein feines Pulver, das Magisterium, fällte.

Schwammkohle, spongiae ustae, verwendete man namentlich gegen Kropf (zuerst war das durch Arnold von Villa Nova geschehen), dann gegen Blutbrechen, Skorbut und noch Hufeland gab sie gegen Skropheln. In den alten Pharmakopöen und Apothekertaxen figurirt noch „Seemoos“, ein etwas unbestimmter Name, unter dem man die Gehäuse von Moosthierchen und Hydroidpolypen verstanden zu haben scheint. Man verabfolgte es gebrannt und pulverisirt gegen

gegen Skorbut, Darmblutungen und Eingeweidewürmer.

Auch Versteinerungen wurden in der Heilkunde sonst gebraucht. So namentlich Lyncurium, auch Donnerkeil genannt, d. h. die meist aus Feuerstein bestehenden Steinkerne der Belemnitenschalen. Sie sollten der innerhalb 7 Tagen festgewordene Urin des Luchses sein und wurden pulverisirt bei Stein und Harnverhaltungen gegeben, sowie gegen Albdrücken, weshalb die Belemniten vordem in Deutschland auch als „Albgeschoß" bekannt waren. Die versteinerten Schalen der Elephantenzahn-Schnecke nannte man cannulae sympathicae, sympatische Röhrchen, auch Dentalium und Entalium und benutzte sie als Heilmittel gegen Zahnschmerzen, Kopfweh, Ischias und Blutgeschwüre. Die besten sollten aus gewissen Alpenthälern kommen und Straskircher, ein sonst unbekannter Mediziner, der eine Dissertation über den Nutzen der Lapes figurati, d. i. der Versteinerungen geschrieben hat, bricht in die Worte aus: „Beatus fieri potest is, qui haec cognoscet," glücklich kann der werden, der das (nämlich die Kraft der fossilen Zahnschnecken) kennt. Die besonders in Schwaben oft so ansehnlichen Ammonshörner sah das Volk für Schlangen an, welche von den Heidenapostelinnen Keina und Hilda, englischer Herkunft, in Stein sollten verwandelt worden sein. Ihr Pulver hielt man für harntreibend, auflösend und magenstärkend und man legte kleine Exemplare den Kindern als schlafbefördernd unter das Kopfkissen. —

Indem wir jetzt zu der Betrachtung der Systeme und Organe der Thiere, von denen man Heilmittel hergenommen hat, übergehen, beginnen wir mit den Hautgebilden, zu denen eigentlich auch die Schalen der

Weichthiere,

Weichthiere, also unter andern die eben erwähnten versteinerten Ammonshörner, zu rechnen sind. Ich gehe nicht ein auf die manchfaltige Verwendung, welche die Pelze vordem auch in der Medizin fanden, und wie das Pelzwerk von dem einen Thier für diese, von dem andern für jene Krankheit gut sei, denn hier hört die materia medica auf und fängt die Hygiene an.

Erwähnt wurde schon der Gebrauch, welchen die Menschenhaut in der Geburtshülfe fand und man verfertigte aus ihr außerdem Handschuhe „gegen kontrakte Finger zu tragen". Aber auch andere Hautgebilde des Menschen wurden von der alten Heilmittellehre nicht unberücksichtigt gelassen. Bei Gicht legte man die zum ersten Male abgeschnittenen Haare eines Kindes auf, Umschläge und Pflaster mit der Asche von Frauenhaaren vertrieben Ausschlag, Gerstenkorn, Warzen und andere Hautkrankheiten, während die Asche des Kopfhaars eines Gekreuzigten innerlich gegen das viertägige Fieber verordnet wurde. Geraspelte Menschennägel gaben ein Brechmittel ab. Wer von einem tollen Hunde gebissen war, dem bereitete man, neben anderer Behandlung, ein Lager aus Bärenfell, wohl nach uraltem Jägerglauben, — der Bär sollte den Hund herauslocken! Auch legte man auf Wunden, die von einem tollen Hunde herrührten, Haare von demselben Hunde, ein Heilmittel, dessen Andenken noch in einer bekannten Redensart fortlebt. Hat man abends zu viel des Guten gethan und befindet sich am andern Morgen in dem Zustande, von dem Goethe sagt:

Perser nennen's Bidmag Budden,
Deutscher heißt es Katzenjammer, —

so fordert wohl Einer den Andern auf „Komm laß uns

Hundshaare

Hundshaare auflegen", d. h. wir wollen unsern Kater durch eine neue Libation zu verscheuchen suchen, — was freilich so wenig hilft wie die Hundshaare gegen die Tollwuth. Handschuhe aus Hundeleder trug man bei Flechten an den Händen, und Gürtel aus ungegerbtem Wolfsfell auf dem bloßen Leib, — je nach dem: mit den Haaren nach innen gegen Kolik und mit den Haaren nach außen gegen Epilepsie.

Wenn Einer vordem mit Schrecken gewahr wurde, daß er anfing durch die Haare zu wachsen, so ging er zum Bader, der schor ihm den Kopf kahl und glatt wie eine Billardkugel, frottirte denselben dann mit angefeuchtetem Senfmehl und machte endlich ein Kataplasma von Igelhaut-Asche darüber. Prachtvolle Signatur, das! — Auch die Haut der Hasenohren, nichts für ungut, mein Waidgesell! der Hasenlöffel, hat ihre medizinische Bedeutung. Die innere wird frisch, mit Frauenmilch angefeuchtet, auf kranke Augen gelegt und der ganze Löffel stillt zu Asche gebrannt Blutungen. Ueberhaupt trägt Freund Lampe eine vollständige Offizin in und um sich und es ist wunderlich, daß es keine Apotheke „zum Hasen" giebt, mir ist wenigstens noch keine vorgekommen. Besonders waren es die Haare des edlen Nagethieres, die man zu allerlei guten Dingen verwandte: man machte mit Honig Pillen aus ihnen gegen Brüche, benutzte ihre Asche bei erfrorenen Füßen und drehte sie zu Tampons zusammen um das Nasenbluten zu stillen. Auch die Biberhaare gebrauchte man gegen Nasenbluten, aber in anderer Art, indem man sie nämlich zu Asche brannte und mit Harz und Lauchsaft Kugeln aus ihnen machte, um sie vorkommenden Falls in das Nasenloch zu stecken.

Das

Das Maulthier muß früher in Deutschland häufiger gewesen sein als jetzt, das läßt sich einmal daraus schließen, daß es in erster Linie ein Reitthier, besonders für reisende Damen war, dann aber auch daraus, daß gerade die damalige Heilkunde es nicht selten zu Medikamenten verwerthete. Die Asche seiner Haut z. B. streute man auf Brandwunden und auf Geschwüre im Munde und seine geraspelten Hufe mit Myrrhenöl fanden als Haarerzeugungs-Mittel Verwendung. Auch die väterliche Familie des Maulthiers, die Esel, mußten die Schätze der alten Apotheken vermehren helfen: Spähne, die man vom Hufe eines lebenden Esels abfeilte, legte man mit Eselinnenmilch auf staarkranke Augen oder benutzte sie zu Asche gebrannt innerlich gegen Epilepsie, die verbrannten Haare aus der Mähne vermischte man mit Oel und Blei und schwärzte graue Haare damit, wobei selbstverständlich das mitangewandte Blei die Hauptsache gethan haben wird. Die Asche der Kastanien des Esels, jener eigenartigen, hornigen Schwielen an der Innenseite der Vorderbeine, Reste der zweiten Zehe, galt als eins der besten Haarerzeugungs-Mittel „wo Du einem Weibe die Wange damit schmierst, so wachset ihr ein Bart hernach.“

Ein berühmtes, altes Heilmitttel war das Horn vom Einhorn und Einhorn ist ein häufig vorkommender Name für Apotheken. Man verstand aber unter Einhorn zweierlei Dinge: nämlich den Stoßzahn des Narwals und die Hörner der Rhinocerosse. Die letzteren gelten noch bei den Indiern und Malayen als ein unfehlbares Gegengift und die Häuptlinge auf Java bedienen sich ihrer deshalb als Trinkgeschirr. Dieser Glaube gelangte, wahrscheinlich über Holland, auch nach Deutschland und vom Anfange des 17ten Jahrhunderts an wird der Asche

des

des Horns vom Rhinoceros als Mittel gegen Vergiftungen, ansteckende Krankheit u. s. w. gedacht. Giftige Thiere sollten auch durch den Rauch verbrannter Elephanten-Hufe verscheucht werden.

Die Asche von allerei thierischen Theilen stand vordem allgemein in den Apotheken in hohem Ansehen. Die der Ziegenhufe applizirte man äußerlich mit starkem Essig beim Kopfgrind, die des Ziegenhorns bei geschwollenem Zahnfleisch, die der Ziegenhaut mit Oel bei wundgegangenen Füßen und äußerlich und innerlich bei Schlangenbissen. Die Ziegenhaut erfreute sich überhaupt in der alten materia medica keines geringen Ansehens: so kochte man sie in Wasser aus, versetzte die Brühe mit Essig und ließ diese bei Nasenbluten vom Patienten in die Nase einziehn, wobei der Essig seine Schuldigkeit gethan haben mag. Riemen aus Ziegenhaut wurden den Weibern beim Blutfluß um die Brüste geschnallt. Die Antilopen bewunderte man wegen ihrer ausdauernden Laufkraft: wenn der Mensch so laufen wollte und könnte, sagte man sich, da würde er schön schwitzen, sollte da vielleicht nicht in den Antilopenhörnern ein schweißtreibendes Mittel versteckt sein? Wahrscheinlich, — also laßt uns die Vorräthe der Pharmakopöen durch Asche vom Antilopenhorn vermehren, um so mehr als wir ja die der Spitzen der Rinderhörner gegen Husten und äußerlich mit Essig gegen Nasenbluten bereits führen. Daneben steht eine Büchse mit gebrannten Kuhklauen, die mit Wasser aufgestrichen „ein dienlich Mittel wieder den Kropf sind". Habt Ihr je einmal ein Paar Widder mit einander fechten sehen? hei! wie das knallt, wenn sie mit den Köpfen zusammenstoßen, was mögen die für Dickschädel haben, Unsereins bekommt Kopfschmerzen vom blosen Zusehn. Kopfschmerzen? ha, Signatur! Die Asche der Wolle,

die

die den Widdern zwischen den Hörnern wächst, muß selbstverständlich eine vorzügliche Arzenei bei Kopfschmerzen abgeben.

Von allen wilden Thieren stand dem Deutschen keins näher als der Hirsch, er war in grauer Vorzeit das Geschöpf gewesen, um das die höchsten Lebensinteressen der alten Germanen sich drehten, ja, auf dem ihr ganzes Dasein beruhte. Was wunders, daß der Hirsch in der alten Heilmittellehre eine der allerersten Rollen spielt und er ist eins von den wenigen Thieren, das noch nicht ganz aus den Offizinen verschwunden ist. Aber die alten Werke, der Garten der Gesundheit (Hortus sanitatis), oder Geßners Thierbuch wimmeln geradezu von allerlei Mittheilungen, wie dies oder das vom Hirsch als Medikament zu verwerthen ist und sie wissen viel zu erzählen von der Feindschaft des Hirsches und der Schlange. Ein Ding ist besonders auffallend und wunderbar am Hirsche, so wunderbar sogar, daß man danach einen Monat (Hornung) benannte: das ist der periodische Wechsel des Geweihes und im Geweih suchte man die Hauptkraft. Man schnitt es, solange es noch jung und blutreich war, in Scheiben, die man mit Kreuzwurzsaft und Spiritus digerirte und so einen Schnaps darstellte, der bei Schlangenbissen verabfolgt wurde. Gegengifte wurden aber vielfach als wurmabtreibende Mittel angesehen, so auch das Hirschhorn, dessen Asche eines der beliebtesten Anthelmintika gewesen zu sein scheint. Innerlich gab man sie mit Wein gegen Gelbsucht, äußerlich mit Kuhmilch wider Sommersprossen und man schrieb ihr schweißtreibende Kräfte zu. Auch das echte Oleum animale Dippelii wurde wesentlich aus Hirschhorn dargestellt, was sehr schwer war, 20 Rektifikationen

fikationen und eine 40tägige Arbeitszeit verlangte, daher denn Dippels thierisches Oel theuer verkauft wurde. Gürtel aus Hirschhaut sollten ähnliche geburtserleichternde Wirkung haben, wie die aus Menschenhaut und sie wurden laut Bericht der Herzogin Eleonore auf geradezu scheußliche Weise gewonnen. Man fing dazu den Hirsch, band ihn und streifte ihm bei lebendigem Leibe entlang der Mitte des Rückens, vom Kopf bis zum Schwanze, einen handbreiten Riemen ab, worauf man das unglückliche Thier wieder laufen ließ. Die Schinderei mußte aber an einem Freitag vorgenommen werden, und zwar in den „Dreißigsten", sonst zog der Zauber nicht. Wenn man, lehrt der alte Schröder, die Haut des Kammes einem lebendigen Pferd mit Gewalt herunterziehet und auf den geschorenen Kopf eines Menschen setzet, „so machet sie die Haare wachsen, aber nicht sonder Hauptschmerzen, und ahmen die Haare, die Anfangs hervorwachsen, denen Pferdehaaren nach, die man aber so oft wegscheeren muß, bis menschliche Haare folgen". Das Geweih des Elenthiers wurde ähnlich benutzt wie das des Hirsches, aber zumal machte man aus den Klauen dieses Thieres Fingerringe gegen Epilepsie.

Es ist auffallend, wie wenig die Hautgebilde der Vögel in der alten Heilkunde Verwendung finden. Man sollte denken, den so überaus wunderbaren Federn sei eine ganz besondere Kraft zugeschrieben worden, was sich aber durchaus nicht so verhält. Außer den bereits angeführten Fällen, wo sie zum Räuchern oder in Gestalt von Amuletten gegen Kopfschmerzen dienen, habe ich sie und zwar die vom Pfau nur zweimal als Heilmittel erwähnt gefunden. Man kochte dieselben mit Bier ab und gab den Sud den Frauen bei bösen Brüsten zu trinken und weiter verabfolgt man von ihrer Asche drei Messerspitzen voll in einem weichen Ei gegen die Schwindsucht. Seltsam ist es, daß das Kopfhorn des Aniuma (Palamedea cornuta), eines durchaus nicht häufigen, südamerikanischen Vogels, Eingang in die materia medica unserer Vorfahren gefunden hat. Man legte es eine Nacht über in Wein, den man dann einer Kreißenden zu trinken gab. Es ist das wahrscheinlich ein altes, indianisches Volksmittel. Recht sonderbar ist es auch, daß man den, doch gewiß sehr auffallenden Kämmen der Hähne keine Aufmerksamkeit geschenkt hat, wohl aber der Haut der Gänsefüße, deren Asche blutstillend sein sollte.

Während Vogelfedern, wie gesagt, kaum eine Rolle in der alten Medizin spielen, spielt die Schlangenhaut eine um so größere, aber nur die hat die wahre Kraft, welche die Schlange bei der Häutung selbst abgestreift hat. Man legte sie ganz auf leidende Augen und schmerzende Zähne, sowie auf die vom Biß eines tollen Hundes herrührende Wunde, steckte Stücke von ihr zusammengedrückt in kranke Ohren, streute ihre Asche auf Wunden, kochte sie und gab die Brühe zur Vertreibung der Läuse zu trinken. Schildkrötenasche fand Verwendung bei Fußgeschwüren.

Auch die Haut verschiedener Fische diente zu Heilzwecken. So stillte die einer lebendig geschundenen Forelle auf die Stirn gelegt, das Nasenbluten, die des sich krümmenden Aals applizirte man auf verkrümmte Glieder, oder getrocknet und in kochendem Wasser wieder aufgeweicht auf eingeklemmte Brüche, und das Chagrin des Meerengels (Squatina) auf Flechten.

Von den Hautgebilden niederer Thiere kommen

nur

nur Schalen von Krebsen und Mollusken, sowie Perlen in Betracht. Die Rückenschuppe der Sepie (os sepiae) diente pulverisirt mit Frauenmilch als Kataplasma auf kranke Augen. Man stößt in alten Medizinaltaxen oft auf das Wort „Fischbein", das bedeutet os sepiae und nicht die Substanz, die wir jetzt so nennen und die zuerst 1593 in London, aber nicht zu medizinischen Zwecken, Verwendung fand. Die Schalen unserer Weinbergschnecke pulverisirte man mit getrockneten Bienen „ist eine fast herrliche und von vielen Leuten bewährt gefundene Arznei" wider den Stein. Viel im Gebrauch war ein Pulver, das aus den, „Meernabeln" oder „Blattae Byzantium" genannten Deckeln von Seeschnecken (besonders aus der Gattung Trochus) hergestellt wurde. Man schrieb ihm abführende Kräfte zu und es sollte gute Dienste leisten bei Milzkrankheiten und Hysterie. Die kleinen Muschelchen, die sich oft in Badeschwämmen finden, wurden zu Pulver gegen Skropheln gebraucht. In manchen alten Taxen findet man auch einen „Lapis spongiae", der in großen Badeschwämmen soll angetroffen werden. Das wird Verschiedenes gewesen sein: kleine Kalk- oder Kieselschwämme, Moosthierchen, vielleicht auch Kalkalgen (Corallineen). Er diente zerstoßen zum Abtreiben der Würmer. Pulver von Miesmuscheln war harntreibend, von Austernschalen magenstärkend. Den höchsten Ruf aber von allem, was von Weichthieren herstammt, genossen die Perlen. Schon ihr einfaches Tragen war Gegengift. Pulverisirt wirkten sie im allgemeinen kräftigend, im besondern heilend bei Augenleiden, Magensäure und mit Zucker bei Herzschwäche. Eine aus ihnen bereitete Essenz galt als eins der köstlichsten Mittel wider den grauen Staar. Mit Zimmetwasser

bereitete

bereitete man ein Mittel gegen Blähungen aus ihnen, aber schon 1726 ist ein alter Arzt, Boekler mit Namen, der Meinung, daß die etwaige Kraft dieser Medizin sicher im Zimmetwasser, aber nicht in den Perlen zu suchen sei. Aus fossilen Muschelschalen wurde das s. g. Specificum Crollianum gegen Wassersucht, Verstopfung und Milzschmerzen hergestellt.

Was die aus Hautgebilden von Spinnenthieren gewonnenen Heilmitte lanlangt, so erwähnt Plinius, man habe sich in den bätischen Provinzen (dem heutigen Andalusien und Granada) gegen den Biß eines giftigen, ameisenartigen Thieres der abgestreiften Haut derselben Thierart mit Wein bedient. Er nennt das Thier Salpuga oder Solipuga und es ist jedenfalls ein anderes Geschöpf gewesen, als die Spinnenformen, die wir heutzutage Solpuga nennen, denn diese finden sich nur im Orient aber nicht in Spanien. Gestoßene Krebsschalen mit Rosenöl strich man auf den Ausschlag der Kinder und Pulver von den Schalen der Krabbenscheeren gab man per signaturam wieder die Schaar von Krankheiten, die man früher unter dem Namen „Krebs" zusammenfaßte. Die schwarzen Scheerenspitzen waren am dienlichsten. Zerstoßene Seeigelschalen mit Essig strich man auf Kröpfe.

Im Anschluß an die Haut, wollen wir den Nutzen, den die alte Arzneikunde aus den Abscheidungen von Hautdrüsen und anderer ähnlicher Drüsen, sowie aus den durch solche hervorgebrachten Produkten zu gewinnen verstand. Plinius erzählt, zu seiner Zeit habe man in den Fechtschulen den Schmutz (strigmentum) von den Wänden abgeschabt, der sich hier im Lauf der Jahre durch die sich anlehnenden schwitzenden und mit Oel eingeriebenen Gladiatoren

Gladiatoren angesammelt hatte, um ihn gegen Geschwüre zu gebrauchen. Menschlichen Schweiß gab man auch später innerlich gegen Skropheln und Alberti erzählt, bei schweren Entbindungen hätten die Hebammen der Kreißenden durchschwitzte, schmutzige Strümpfe des Ehemannes angezogen.

Ein berühmtes Heilmittel war der menschliche Speichel und es existiren Dissertationen, die sich ausschließlich mit seinem Gebrauch in der Medizin befassen. Christus heilt dem Blindgebornen mit Speichel die Augen und auch Plinius empfiehlt denselben bei Augenkrankheiten, Flechten, Krätze, Furunkeln und Krebs. Am heilsamsten ist der Speichel eines gesunden, jungen Mannes morgens, bevor derselbe etwas genossen hat: dann vermag er selbst den Folgen des Bisses eines tollen Hundes oder einer Schlange vorzubeugen. Auch in sympathetischer Weise wird der Speichel des Menschen benutzt. Die alte Hebamme Salpe auf Lesbos räth, man solle sich, wenn Einem die Füße oder Arme eingeschlafen sind, mit dem eignen Speichel die obern Augenlider befeuchten. Bei Halsschmerzen rieben sich unsere guten Vorfahren mit der rechten Hand die rechte und mit der linken die linke Kniekehle mit ihrem eignen Speichel ein. So Einem ein Insekt ins Ohr gekrochen ist, soll man ihm hinein speien und gegen Hämorrhoiden ist nichts besser als Salbe aus der Asche von einem Stück kastanienbraunen Tuches mit Speichel. Gegen Asthma und Emphysem gab man den Maulschaum eines Maulthiers mit Wasser zu trinken. Wurde der Patient gesund, so mußte freilich das Maulthier sterben. Die Landsknechte benutzten den Maulschaum der Pferde um bei Bräune damit zu gurgeln und wenn sie sich wund (einen „Wolf") gelaufen hatten, sich

damit

damit die betr. Stelle zu waschen. Nur noch von einem Thier außerdem wurde der Speichel benutzt: man ließ Wasserscheue von Kreuzottern beißen, — das Gift der Schlangen sitzt bekanntlich in ihrem Speichel.

Unter die Sekrete von Hautdrüsen gehören auch drei der berühmtesten Heilstoffe, welche die ältere Medizin dem Thierreich entnahm: Moschus oder Bisam, Castoreum oder Bibergeil und Zibeth. Der Moschus findet sich in einer Hauttasche am Bauche des männlichen Moschusthieres und er war geradezu eine Universalmedizin, die alle mögliche Krankheiten, von der Ohnmacht bis zur Tollheit, heilen sollte. Der Moschus, den die arabischen Aerzte in die Medizin eingeführt haben, kam am besten von Tonkin und Thibet, der persische und sibirische galt als weniger gut. Nicht weniger berühmt war das Bibergeil, eine Substanz, deren sich die Sage in eigenartiger Weise bemächtigt hat. Man sagte, es seien die Hoden des Bibers, und dieses Thier habe die Gewohnheit, wenn es verfolgt werde, sich dieselben abzubeißen. Daß die Biber dieses thun, wird verschiedentlich motivirt: nach der einen Darstellung opfert er dem Jäger das Castoreum freiwillig, um sich das Leben zu retten, nach der andern versteckt er es, weil er es seinem Nachsteller nicht gönnt. Nun, das Bibergeil hat mit den Hoden nichts zu thun, es ist vielmehr das Sekret großer Hautdrüsen, die sich, zwei an der Zahl, in der Nähe des Afters befinden. Ihm wurden ähnliche Kräfte zugeschrieben wie dem Moschus. Aber schon der alte Leipziger Professor Ettmüller urtheilt (1678) anders über ihn: „Also, fragt er, er riecht gut, tödtet die Würmer, vertreibt jeden Ausschlag, stärkt die Kraft der Nerven und der Gebärmutter, — nun und dann? Ihr könnt

das

das Bibergeil ruhig aus Euern Apotheken herauswerfen, es bleiben immer noch gerade genug Medikamente darin zurück". — Interessant ist besonders eine Verwendung des Bibergeils. Man machte nämlich aus ihm und geriebenen, trocknen Rautenblättern schon Ende des 16ten Jahrhunderts ein Niespulver. Niesen galt seit je für gesund und man suchte es künstlich zu erzeugen. Die alten Römer verwendeten dazu Federn, mit denen sie sich die Nasen kitzelten, aber schon sehr zeitig im Mittelalter waren pulverisirte Pflanzentheile (Nieswurz u. s. w.) im Gebrauch. Mithin ist die Sitte zu schnupfen in Europa älter als die Bekanntschaft mit dem Tabak. Das Schnupfen kam nicht auf, weil man den Tabak hatte kennen lernen, man benutzte vielmehr dieses aromatische Kraut, weil die Sitte des Schnupfens schon vorhanden war. Sehr häufig begegnet man in alten Werken Klagen über die Verfälschung des Bibergeils mit Schrot und Sand und diese Verfälschung lohnte sich, denn es kostete z. B. in Bremen 1665 das Loth Bibergeil anderthalb Thaler, für die damalige Zeit eine ganz hübsche Summe. Heusinger hat in einer gelehrten Abhandlung den sehr interessanten Nachweis geliefert, daß die Namen castor für Biber und castoreum für Bibergeil aus einem Mißverständniß entstanden sind. Der zentralasiatische Name für das Moschusthier war Kastoras und sein für die Hoden gehaltener Beutel hieß muschka, d. i. Hoden. Die Griechen konnten nun das erste Wort nicht übersetzen, sie nahmen es also einfach mit herüber und muschka wurde übersetzt mit ὄρχες. Durch sehr nahe liegende Verwechselungen wurde nun die Bezeichnung castor vom Moschus auf den Biber übertragen.

Das Zibeth ist eine Absonderung, die sich in

zwei

zwei taschenartigen Drüsen neben dem After der Zibethkatze (Viverra Zibetha), einer Bewohnerin Ostindiens und der großen Sundainseln, und der afrikanischen Civette (Viverra civetta) findet. Früher, als der Gebrauch des Zibeth noch eine allgemeinerer war, wurden diese Thiere in ihren Heimathländern vielfach gehalten und von Zeit zu Zeit ihrer kostbaren Salbe beraubt. Jetzt wird die Civette nur noch in Abyssinien gezüchtet. So wird im „Globus" berichtet: „Von diesen Thieren ist eine so große Menge vorhanden, daß manche Kaufleute deren mehr als 300 im Hause halten. Die Thiere werfen einen nicht geringen Nutzen ab. Die Zibethkatze bekommt als Futter dreimal in der Woche rohes Rindfleisch und viermal einen Milchbrei; sie wird dann und wann mit Wohlgerüchen beräuchert, und in jeder Woche kratzt man ihr eine salbenartige Materie ab, das Zibeth, welches in wohlverwahrte Ochsenhörner gethan wird und einen einträglichen Handel bildet." Bemerkenswerth ist es, daß man das Thier dieser Substanz halber im 16ten und 17ten Jahrhundert auch in Europa hielt. In die Medizin wurde das Zibeth als ein anregendes, krampfstillendes, schweißtreibendes und stimulirendes Mittel eingeführt. Jetzt ist sein Gebrauch veralter.

Eine gleichfalls sehr merkwürdige, früher in der Medizin vielfach verwerthete Substanz, ist das Walrath, auch Ambra und Sperma ceti genannt. Diese Masse liegt auf dem Kopf des Pottwals, (Physeter macrocephalus) zwischen der Spitze der Schnauze und den Spritzlöchern. Unter einer etwa handbreiten Lage Speck findet sich ein sehniges Blatt, nach dessen Entfernung man auf die Walrath-Behälter stößt, zellenartige, senkrecht neben einander gelagerter

gelagerter Räume, deren Wandungen Fortsetzungen jenes Sehnenschildes sind und die mit einander kommuniziren und eine ölige, weißliche Flüssigkeit enthalten. Diese Masse kann, je nach der Größe des Wals, eine Mächtigkeit von 4—8 Fuß besitzen und bis über 50 Zentner Walrath liefern. Ueber das Walrath bezw. über seine Bildungsstätte existiren eine Masse Vermuthungen, und es ist wohl möglich, daß man in der That sehr verschiedene Dinge mit dem Namen bezeichnet. Die Einen betrachten ihn als eine Art Darmstein, andere sprechen dabei von Säcken (Drüsen) am After oder hinten am Rachen. Gelegentlich findet man die merkwürdige Substanz auf dem Meere frei schwimmend oder an der Küste angespült und das hat nicht gerade dazu beigetragen, die Kenntniß über ihre wahre Natur deutlicher zu machen. Man hielt sie bald für thierischen Samen, daher die Benennung Sperma Ceti, bald für pflanzlichen, selbst mineralischen Ursprungs. Andere erklärten, das Walrath sei Vogelkoth oder der Rest eines todten Seefisches oder eines großen, sepienartigen Geschöpfes, das durch einen, bei Wasserleichen allerdings vorkommenden, eigenartigen Prozeß, die Leichenverfettung völlig verseift oder verwachst sei. Man unterscheidet vom Ambra drei Sorten: graue, die beste, weiße und schwarze. In der Medizin wurde das Walrath bis vor nicht langer Zeit gegen Katharrhe, Heiserkeit, Diarrhöen und Ruhren angewendet. Gegenwärtig wird er nur noch zur Bereitung feiner Kerzen benutzt. Einst hieß er medicus Hercules und galt für eine der kräftigsten Medizinen und jetzt haben die Seifensieder sich seiner bemächtigt. Sic transit gloria mundi! Noch von einem Säugethier wurde das Sekret besonderer Hautdrüsen in der Heilkunde gebraucht, — das ist der Edelhirsch.

Dieses

Dieses Thier hat, wie viele andere Wiederkäuer, unterhalb jedes Auges eine tiefe Grube, in der sich eine merkwürdige Masse absondert, die erst klebrig, schmierig ist und nach Buttersäure riecht, endlich jedoch hart wird und einen angenehmen Geruch erhält. Da die Absonderung fortwährend von statten geht, so quillt die Masse nach und nach aus der Grube heraus und nimmt schließlich einen solchen Umfang an, daß der Hirsch dadurch im Sehen beeinträchtigt wird und sie deshalb abreibt. Diese Substanz führt den Namen Hirschthränen, war vordem offizinell und wurde in Pulverform besonders gegen die rothe Ruhr gegeben. Menschlicher Ohrenschmalz fand gegen Insektenstiche, Nietnägel, Panaritium und Augenschmerzen äußerlich Verwendung und die Staarstecher bestrichen vor der Operation ihre Nadeln damit. Den Schmutz aus den Ohren des Esels strich man als Schlafmittel auf die Stirn und das Klauenfett des Kamels diente mit zur Bereitung einer Salbe gegen Hämorrhoiden. Als stärkend und schweißtreibend galt das, Oesypus genannte Wollfett der Widder.

Nur noch von einem Wirbelthier, vom gemeinen Feuersalamander nämlich, wurde der Saft der Hautdrüsen und zwar zum Entfernen der Haare angewendet.

Von wirbellosen Thieren wurden Hautdrüsen und deren Abscheidungsprodukte oder die durch sie hervorgerufene Veränderungen an Pflanzen nur selten benutzt. Doch weiß ich, daß man wenigstens in einem Fall Insekten wegen ihrer Hautdrüsen in der Medizin angewendet hat. Man trocknete und pulverisirte nämlich schon im Alterthum haarige Raupen (Pityocampi genannt), wahrscheinlich dem, allerdings im Süden nicht vorkommenden Prozessionsspinner

zessionsspinner ähnliche Formen. Man brachte dieses Pulver gegen Ausschlag und Flechten in Anwendung, trieb aber auch allerlei Mißbrauch damit, da es ähnlich wie Kanthariden wirkt. Im corpus juris wird dieser Mißbrauch als straffällig bezeichnet. Der Hautschleim der Wegschnecken galt für sehr heilsam innerlich bei Keuchhusten, Schwindsucht und andern Erkrankungen der Athmungswerkzeuge. und man stellte Pastillen daraus her. Aeußerlich wurde der Schleim gegen Hühneraugen angewendet.

Produkte, die durch Insekten an Pflanzen hervor gerufen werden, sind Galläpfel und Lack. Die Galläpfel wurden wegen ihrer Bittere vielfach benutzt, sogar von einem französischen Arzt Dr. Reneaume (1710) als Surrogate für die Chinarinde. Stücke von ihnen steckte man in schmerzende, hohle Zähne und man benutzte sie zur Bereitung einer Salbe zum Schwarzfärben der Haare. Die Galläpfel der Rose, Bedeguar, Schlafäpfel, Rosenschwamm, Schlafkauz genannt, wurde gebrannt und pulverisirt gegen Stein und Durchfall angewendet. Schröder empfiehlt gegen Kropf innerlich Pulver von gebranntem Badeschwamm und der „haarichten Schlafkautzen, wie sie an wilden Rosenstöcken wachsen".

Absonderungen besonderer Drüsen sind Spinneweb und Seide und beide fehlten nicht in den alten Apotheken. Der bekannteste Gebrauch, den man vom Spinneweb machte, war der, daß man es auf kleinere, blutende Verletztungen legte, und das läßt sich hören. Frisches Spinneweb ist nämlich durch die Gegenwart winzig kleiner, leimartiger Tröpfchen klebrig, es ist zugleich dicht, vereinigt also die zwei wichtigsten Eigenschaften des englischen Pflasters in sich. Freilich muß man darauf achten, daß es rein

rein und frei von Staub ist, sonst kann man durch seine Benutzung weit leichter Schaden anrichten als Nutzen stiften. Aber auch anderweitig bediente man sich des Spinnewebs. Aeußerlich legte man es gegen Blähungen auf den Nabel und gab es innerlich noch am Anfang unseres Jahrhunderts gegen Wechselfieber und manche Aerzte zogen es der Chinarinde vor. Pulver von Seidenkokons galten für herzstärkend und blutreinigend und mit Honig als ein gutes Mittel gegen kranke Zähne. Der Lack entsteht auf Pflanzen durch Anstechung derselben seitens Schildlausarten. Man brauchte ihn in der Medizin als athmungserleichternd und das Zahnfleisch festigend. Honig und Wachs, welche hier folgen mögen, fanden mit andern Mitteln zusammen einen sehr ausgedehnten Gebrauch in der alten Heilkunde. Ersterer wurde schwächlichen Kindern verabfolgt und mit getödteten Bienen vermischt solchen, denen es nach dem Genuß schwerer Gerichte übel geworden war. —

Daß die fast unverwüstlichen Zähne mancher Thiere besonders gern als Amulette getragen wurden, hatten wir weiter oben erwähnt, sie wurden aber auch innerlich in Pulverform gegeben. So galt Narwalzahn-Pulver mit Wein für herzstärkend und als Mittel gegen die fallende Sucht, Pestilenz und Hundswuth. Eine sehr gute Meinung in Bezug auf seine Heilkräfte hatte man auch vom Elfenbeinpulver: man nannte es Spodium und klagte darüber, daß es so viel mit Knochenmehl verfälscht würde. Es sollte gleichfalls herzstärkend sein, mit Wegerichsaft war es ein Mittel gegen die rothe Ruhr und Blutspeien, gegen die Gelbsucht trank man es mit Wein, und mit Bocksblut vermischt nahm es wider den Stein, mit Hirschhorn zusammen

war

war es ein bekanntes Wurmmittel, mit Rosenöl gab es eine Salbe beim Panaritium, und gegen Nasenbluten wurde es geschnupft. Es wurde auch zu Pastillen verarbeitet, die fruchtbar machen sollten, was Schröder bezweifelt, denn der Elephant „sei langsam im Zeugen". Auch die Flußpferde- und Walroßzähne wurden ähnlich benutzt. Gegen Vollblütigkeit erwiesen sich pulverisirte Zähne des Hirschebers heilsam und gegen Schlangenbiß die des Menschen. Bei Zahnschmerzen wirkten die zerkleinerten Zähne der Meerbrassen (Sargus) und der Hunde gut und die Asche der letztern erleichterte, auf das Zahnfleisch gerieben den Kindern das Zahnen. Die pulverisirten gebrannten Kinnladen der Hechte mitsammt dem Gebisse nahm man gegen den Stein.

Die Zungen der Thiere fanden merkwürdig wenig Berücksichtigung. Man legte Schlangenzungen auf Wunden, am besten eine solche, die einer lebenden Schlange ausgeschnitten war. Getrocknete Fuchszungen mit heißem Wein gebeizt, entfernten, aufgelegt, Splitter und andere eingestoßenen Fremdkörper.

Weit häufiger findet der Magen Gebrauch und in der Regel der solcher Thiere, die sich durch besondere Verdauungskraft auszeichnen und meist wird er auch bei Verdauungsbeschwerden verabfolgt: so vom Wolf, Adler, Gans und von verschiedenen Seefischen. Die innere Magenhaut des Straußes galt auch für magenstärkend, ebenso die des Huhnes und diese wurde noch vor 80 Jahren in den Apotheken geführt. Gegen Milzleiden wurde pulvis vom Delphinmagen angewendet und gegen Schlangenbisse der vom Wieselmagen. Kalbslab wurde als Gegengift angesehen und noch 1801 pries man den Magen-

saft

saft von Raubthieren äußerlich gegen Geschwüre. Mit dem ganzen Darmrohr frischgeschlachteter Thiere machte man mit warmem Wasser Einreibungen gegen Rheuma, Gicht, Marasmus und Abzehrung im kindlichen Alter. Der Milz wird selten in den alten Pharmacopöen gedacht. Von einer gedörrten Milz eines Esels solle man gegen Milzstechen vier Tage lang morgens nüchtern etwas essen und gegen Gelbsucht Rehmilz.

Häufig geschieht der Leber und Galle Erwähnung und die letztere ist ja noch heute offizinell. Die Igelleber wurde zu einem Pulver bei Kachexie verarbeitet, gegen übelriechenden Athem ließ man sich eine Suppe aus Dachsleber kochen. Bei Leberleiden half eine mit Wein gebeizte Leber vom Löwen und wider Husten die des Wolfs in Pulverform, aber der Wolf mußte im Januar, dem Wolfsmonat, erlegt sein. Der Genuß gebratener Fuchsleber vertrieb das Asthma. Gleichfalls gegen Leberkrankheiten, aber auch gegen Epilepsie bediente man sich der Eselleber, auf die Wunde des Bisses eines tollen Hundes legte man die Leber eines Bockes, die des Rehs fand bei Augenkrankheit in verschiedener Form innerlich und äußerlich Verwendung, auch ihre Asche zog man mit Essig bei Nasenbluten in die Nase. Gegen Leberleiden wurden thierische Lebern überhaupt besonders gern gebraucht z. B. die des Hirsches, der Ente oder einer alten schwarzen Henne, der sie bei lebendigem Leibe ausgeschnitten war. Bei der Ruhr nahm man Pulver von Lebern der Kreuzottern, bei Tobsucht des Hechtes und bei Gelbsucht des Meerbrassens (Sargus).

Wenig Organe des thierischen Körpers sind an der Zusammensetzung der alten materia medica stärker betheiligt als die Galle, namentlich giebt es nur sehr

wenig

wenig Thiere, von denen sie nicht als ein äußerliches Mittel gegen Augenkrankheiten empfohlen wird. Die Bärengalle ist ein wahres Wunderding, sie hilft bei: Epilepsie, Aussatz, grauem Staar, Asthma, Krebs, Zahnweh u. s. w. Gegen Epilepsie aß man auch eine mit Essig vermischte Galle, die einem lebenden Hunde ausgeschnitten war. War der Patient männlich, so mußte auch die Galle von einem Rüden sein, war er weiblich von einer Hündin, war er jung, so mußte ein junger Hund dran glauben, war er alt ein alter. War man von einem tollen Hunde gebissen worden, so verschluckte man etwas von der Galle desselben: entweder starb man dann innerhalb 7 Tagen oder man erlangte Genesung. Frische Hasengalle mit Honig war nicht nur gut gegen Augenleiden, in das Ohr geschmiert vertrieben sie auch die Taubheit und mit Branntwein an die Schläfen gerieben „soll sie gewiß schlaffen machen“. Mäusegalle mit Oel träufelte man sich ins Ohr, wenn ein Insekt hineingekrochen war. Ebergalle half bei Skorpheln, Galle des Lammes bei Epilepsie, die des Rindes schmierte man sich mit Mithridat und Aloë auf den Nabel um die Würmer abzutreiben, ja, noch 1829 rieb man sich den Bauch bei Kolik damit ein. Als Magensäure tilgend und die Verdauung befördernd wurde sie in Getränken und Clystieren verwendet, äußerlich mit Honig aufgelegt, sollte sie Splitter herausziehen. Die Ziegengalle vertrieb die mouches volantes und zu starke Augenbrauen; mit Honig, Knoblauchsaft und pulverisirter Schlangenhaut zusammen that man sie erwärmt in erkrankte Ohren und auch mit ihr konnte man sich wider die Würmer den Nabel einreiben. Die Rehgalle erfreute sich besonders als Schönheitsmittel keines geringen Ansehens: mit Honig und Lupinenmehl

mehl machte man einen Kleister aus ihr, der auf Schwinden und geringe kleine Ausschläge gestrichen wurde, einfach in Wasser aufgelöst diente sie zu Waschungen gegen Sommersprossen und durch die Sonne verbrannte Haut, mit Honig wurde sie bei Bräune in den Hals gepinselt.

Die Galle der Vögel wurde nur wenig in der Heilkunde benutzt. Aus der getrockneten des Kranichs machte man zusammen mit Hollunderblüthen ein Schnupfmittel gegen Schlagfluß und über die Geiergalle gab es ein Verslein, das da lautete:

Geyergall ein Löffel genügt mit Wein,
Soll gut zum fallenden Siechtag (Epilepsie) seyn.

Die Galle des Chamäleons lieferte ein besonderes kräftiges Augenmittel, die des Frosches und Hechtes fand wider Eingeweidewürmer Verwendung, die erstere innerlich genommen, die andere äußerlich auf den Nabel geschmiert, und Welsgalle endlich war ein Mittel die Warzen zu vertreiben.

Die Respirationswerkzeuge der Thiere fanden per signaturam hauptsächlich bei Erkrankungen von Kehle und Lungen Benutzung. Man trocknete die Luftröhre eines Wolfes und ließ bei Halsschmerzen den Patienten die Getränke durch dieselbe aufschlürfen. Schwindsucht, Asthma, Keuchhusten wurden mit Pulver von geräucherten Lungen von Wolf, Fuchs, Hirsch, Lamm u. s. w. behandelt und Blutspucken mit einer Mischung von gebrannter Geierlunge, Rebenasche und den rothen Granatäpfelblüthen. Auch benutzte man die Lunge des Hasen, dieses vortrefflichen, lungenstarken Läufers als Kataplasma gegen erfrorene Füße, Podagra und andere Leiden der unteren Gliedmaßen und Eberlunge seltsamerweise gegen Trunksucht. Aus menschlichen

lichen Herzen bereitetes Pulver gab man gegen Fallsucht und das Herz der Affen, denen man im Ganzen in der alten materia medica nur wenig begegnet, aß man, sein Gedächtniß zu stärken, man brannte und pulverisirte das des Maulwurfs gegen Bruchschaden. Bei den viertägigeu Fieber genoß man ein Löwenherz, wenn man nämlich gleich eins bei der Hand hatte, und gegen Epilepsie nahm man das aus einem getrockneten Wolfsherzen bereitete Pulver, entweder für sich allein oder mit den von drei Kolkrabenherzen gewonnenen zusammen. Gegen die fallende Sucht wurde auch empfohlen das Herz eines männlichen Eselfüllens unter freiem Himmel mit Brot zu verzehren.

In der Scheidewand zwischen den Kammern der Herzen einer Anzahl von Wiederkäuern entwickelt sich von einem gewissen Alter ab eine lokale Verknöcherung, — der Herzknochen oder das Herzkreuzlein. Das vom Hirsch wurde in Pulverform eingenommen oder auch als Amulett getragen gegen allerlei Herzaffektionen, wie Klopfen, Krampf, dann galt es für herzstärkend und blutstillend. Noch besser war das Herzkreuzlein des Steinbocks, der in den „dreißigsten" (zwischen 15. August und 15. September) geschossen war. Gegen Wechselfieber war Hechtherz ein gutes Mittel: man schnitt es entweder dem lebendigen Fisch heraus und verschlang es roh, oder kochte es und verzehrte es mit Essig.

Kein Theil des thierischen Körpers hat in der alten Medizin eine bedeutendere und, man kann sagen, unheimlichere Rolle gespielt als das Blut. Den alten Aerzten und dem Volk war Blut allerdings „ein ganz besonderer Saft". In den Kuren mittelst Blut spukt mancher uralte Aberglaube seit der

der Hexenmutter Medea Zeiten her, — Nachklänge der ur-indogermanischen Sage über das Festmachen durch Baden im Blut, wie sie unter andern in der Siegfriedssage auf uns gekommen ist. Natürlich galt das Blut der Menschen und besonders das jugendlicher Individuen als das heilkräftigste.

Schon die alten Aegypter verschrieben Bäder aus dem Blute blinder Menschen gegen Elephantiasis und Tertullian berichtet, die Magier, und unter ihnen sicher Chaldäer, Punier und Juden, hätten Menschenblut zu allerlei Zaubereien benutzt, damit geopfert und Heilmittel daraus gemacht. Als Kaiser Konstantin der Große am Aussatz erkrankt war, wurden ihm auch Bäder aus kindlichem Blut verordnet und man setzte sich gewaltsam in den Besitz einer Anzahl von Knaben und Mädchen, aber der Kaiser gab sie ihren Müttern zurück mit den denkwürdigen Worten: „impietas facinoris evidens est, eventus incertus", die Gottlosigkeit einer solchen verbrecherischen That ist ersichtlich, ihr Erfolg wäre doch nur ungewiß. Dem Aberglauben, daß ein Bad im Blut eines jugendlichen Menschen den Aussatz heilen könne, verdankt die deutsche Litteratur eine köstliche Perle, die reizende Idylle vom armen Heinrich von Hartmann von Aue. Da der Ritter Heinrich von der scheußlichen Krankheit befallen ist, findet er Niemanden, der ihn zu heilen vermöchte und so macht er sich auf, um die medizinische Facultät zu Salerno, eine der berühmtesten Hochschulen des Mittelalters, um Rath zu fragen. Was er da zu hören bekommt, lautet wenig tröstlich:

„Ihr müßet haben eine Magd,
Die unbefleckt an Ehre,
Und entschlossen wäre

Den

Den Tod für Euch zu leiden.
Ihr mögt Euch selbst bescheiden,
Ob diese leicht zu finden sei?
Und doch bedürft Ihr zur Arznei
Nichts als des Mägdleins Herzensblut:
Das wär für Euer Uebel gut."

Es sei nur noch erwähnt, daß sich in der That ein junges Mädchen findet, das für den Ritter den Tod erleiden will. Dieser wird aber von selbst gesund und heirathet darauf die Jungfrau. In einer andern Sage von den beiden Freunden Amelius und Amicus opfert der eine seine zwei Kinder um den andern zu heilen, der auch seine Gesundheit wiedererlangt, während die beiden getödteten Kinder durch ein Wunder wieder lebendig werden. Der Zusammenhang dieser Sagen mit dem alten Opferaberglauben, wie er im Sündenbock des jüdischen Kultus, ja bis in das Christenthum nachklingt, liegt auf der Hand. Von den Scharfrichtern ging die unheimliche Sage, daß sie ihre Lehrlinge Menschenblut trinken ließen um ihnen die Verzagtheit zu nehmen und sie kühn und für ihr fürchterliches Handwerk geeignet zu machen.

Der grausigste Blutaberglauben jedoch ist der, daß die Epilepsie geheilt werden könnte, wenn der Kranke sich dazu verstehen wolle, den warmen Lebenssaft eines eben Geköpften zu trinken. Das ist in der That mehrfach vorgekommen. So that im Jahre 1726 ein sechszehnjähriges, epileptisches Mädchen zu Augsburg einen solchen Trunk, sie soll aber, wahrscheinlich vor Aufregung und Grauen bei vorheriger übler Disposition, wahnsinnig darüber geworden sein. Die alten Aerzte sprachen sich selbst schon gegen diesen Mißbrauch aus. So sagt Celsus mit

mit Bezug hierauf: „Ein widerliches Mittel, das ein an und für sich immerhin noch zu ertragendes Uebel noch gräßlicher gestaltet“ und Aretaeus aus Kappadocien bemerkt: „Es ist ein thörichter Wahn, ein Uebel durch ein übeles Heilmittel heben zu wollen, und kein Mensch soll mir jemals einreden wollen, daß derlei der Gesundheit zuträglich ist.“ Der „Garten der Gesundheit“ weiß den Konflikt sehr einfach zu lösen, indem er statt Menschblut empfiehlt Saublut zu trinken, „denn, heißt es in der deutschen Bearbeitung, das Saublut und das Menschenblut seind gleich in allen Dingen“. Gegen die fallende Sucht wurde auch empfohlen dem Patienten ein Loth von seinem eignen Blut mit einem Ei zu verabfolgen. Innerlich gegeben wurden Pulver aus Menschenblut auch gegen bösartige Fieber und Umschläge aus frischem Menschenblut applizierte man bei Bräune. Das Menstrualblut einer reinen Jungfrau, die alten Alchemisten nannten es in ihrem Kauderwelsch „Zenith juvenculae“, wurde äußerlich gegen Podagra und Karbunkel angewendet. Auch wurde es und wird im Volke noch! zur Bereitung von Philtren, Liebestränken benutzt. Horribile dictu!

Unzählig sind die Mittel, die man aus Säugethierblut bereitete. Gegen den grauen Staar zapfte man die Fledermäuse an und Gessner empfiehlt das Blut dieser Thiere als Enthaarungsmittel, setzt freilich gleich hinzu, man müsse aber unmittelbar darauf die Stelle mit Vitriol einreiben, das dann wohl auch mehr als das Blut gethan haben wird. Gerade umgekehrt sollen Einreibungen von Maulwurfsblut Haare erzeugt haben. Es ist drollig, wie sich alle Dinge wiederholen! Die jugendliche, dem Knabenalter kaum entwachsene Männerwelt war vor 300,

ja

ja vor 2000 Jahren genau so auf den Besitz eines Bartes erpicht wie heutigen Tages und wie heutigen Tages gab es allerlei haarerzeugende Mittel, die genau so wirkten wie die unserigen. Der Schwindel ist unsterblich, wie seine Mutter, die Dummheit, die ihm das Leben schenkte! — Wieselblut äußerlich angebracht war probat gegen Halsschmerzen, schwarze Blattern und den Kropf, Iltisblut innerlich genommen war schweißtreibend. Pulver von Dachsblut vertrieb den Aussatz und eine Latwerge, bestehend aus jenem nebst armenischem Bolus, Safran, Tormentill und etwas geriebenem Gold war ein Palliativ gegen die Pest. Umschläge vom Blut des Bären waren dienlich gegen allerlei Geschwüre und „alten Schaden" und von solchem des Löwen beim Krebs. Ein wunderliches Mittel, in dem ein gut Stück Hexenglaube steckt, bereitete man gegen die Epilepsie, deren Heilung oft mit allerlei zauberischem Hokus-Pokus verbunden ist, denn diese Krankheit hatte in den Augen der früheren Menschheit etwas Dämonisches und ähnelte in dieser Beziehung dem Besessensein. Jenes Mittel gewann man folgendermaßen: man reizte einen schwarzen Kater bis zur höchsten Wuth, stach ihn dann mit einem besprochenen Eisen unterhalb des dritten Wirbels von der Spitze an gerechnet in den Schwanz und entnahm aus der Verwundung drei Tropfen Blut, die man dem Patienten in Lindenblüthenthee zu trinken gab.

Doch der Blutmittel sind so viele, daß ich nur einige noch namhaft machen kann. So fing man im Mai Hasen, die lebendig aufgeschnitten wurden und in deren Blut man Leinwandtücher tauchte, diese trocknete und wohl verwahrte. Erkrankte jemand dann im Lauf des Jahres an der Rose, so schnitt man ein Stück von dem Tuche ab und legte

legte es auf die erkrankte Stelle. Die Dresdner Apothekertaxe von 1652 enthält noch „Tüchlein mit Hasenblut gemacht". Das Blut des Elephanten mit seinen gewaltigen Gliedern war dienlich bei Rheumatismus, Eselsblut half wider Bezauberung, Blutflüsse, Gelbsucht und war schweißtreibend. Eingetrocknetes Bocksblut führten die Apotheken bis in dieses Jahrhundert hinein als Mittel gegen den Stein. Aber es war ein Unterschied zwischen Bocksblut und Bocksblut. Nach Dr. Oswald, Erzherzoglich Ensbrüggischem Hof- und Leibmedicus, mußte es von einem Bocke genommen sein, der 40 Tage hindurch blos mit Mauerraute (Asclepias), Steinbrech (Saxifraga) und andern lithotribischen Kräutern gefüttert worden war u. s. w. u. s. w.

Das Blut der Vögel wird viel weniger benutzt als das der Säugethiere: Schuhublut soll krause Haare machen (vielleicht per signaturam wegen der Ohrbüschel) und das Asthma vertreiben, gegen Nierenkrankheiten wurde noch 1761 Herz und Blut der Feldlerche empfohlen, als Aphrodisiacum galt spiritus sanguinis galli und als Gegengift Gänse- und Entenblut.

Schildkrötenblut applizirte man mit Bibergeil als Clystier bei Krämpfen und gab es Säufern ohne ihr Vorwissen in Wein zu trinken, um sie von ihrer lasterhaften Leidenschaft zu kuriren. Schlangenblut war ein Schönheitsmittel „für das Angesicht".

Der alte Hieronymus Cardanus sagt einmal: „ex corporibus nostris multa sumi possunt ob sympathiam fida", „aus den menschlichen Leibern läßt sich manche geheime Medizin gewinnen", das galt, wie wir sahen für das Blut, es gilt auch für die Knochen. Der edelste Theil am menschlichen Körper ist das Haupt, das der ἄνθρωπος, der

Aufwärts

Aufwärtsblicker, gehoben trägt und der edelste Theil am Skelett ist die Hirnschale, die Decke und Hülle des Denkorgans. Was wunders, wenn man gerade in ihr besondere Heilkräfte vermuthete, sie brannte und dann cranium philosphicum calcinatum nannte. Am besten war sie, wenn sie von Einem, der „am Holze erstickt", auf gewöhnlich deutsch, gehängt war, stammte und an der Sonne gebleicht war. Von den mit Moos bewachsenen kratzte man den pflanzlichen Ueberzug ab, der als usnea calvae humanae gleichfalls offizinell war. Pulverisirt sollte sie gegen fallende Sucht und Schlagflüsse dienen. Noch der große Friedrich Hoffmann empfahl im vorigen Jahrhundert folgendes Rezept gegen Epilepsie: die ganze Asche einer nestjungen Krähe und Turteltaube, 2 Loth gebrannte menschliche Hirnschale, 2 Loth Lindenknospen, 1 Loth Löwenkoth, alle diese Substanzen wurden, jede für sich mit Branntwein digerirt, worauf man die Flüssigkeiten zusammengoß und zu weiterem Gebrauche aufhob. Die Asche anderer menschlicher Knochen (ossa microcosmi calcinata) benutzte man innerlich gegen Ruhr und per signaturam gegen Gicht und Johann Agrikola stellte aus ihnen ein Oel dar, das gleichfalls als Mittel gegen Gicht und Podagra diente.

Vom rechten Oberschenkelknochen des Luchses sägte man das obere und untere Ende ab, stieß das Mark heraus, sodaß eine hohle Röhre zu stande kam, durch die Der trinken mußte, der da geschwollene Mandeln hatte. Die Asche vom Schädel einer schwarzen Katze war ein Augenmittel, Pulver von Wolfsknochen half bei Seitenstechen, ein gebrannter Fuchsschädel gab ein haarerzeugendes Präparat. Beinbruch heilte man mit der Asche der Fußwurzelknochen eines Schweines. Zu weißer Asche

gebrannter

gebrannter Hasenschädel gab mit Fenchelsamen und os sepiae ein Zahnpulver und ohne dieselben ein blutstillendes Mittel. Das Mehl aus den Knochen der Fußwurzeln der vorderen Gliedmaßen Freund Lampes wandte man mit Weißwein als Diuretikum an. Der Hirnschädel eines Hirsches, der in der Zeit geschossen war, in welcher er kein Geweih trug, wurde kalcinirt und gegen Eingeweidewürmer verabreicht, und das pulverisirte Fersenbein desselben Wiederkäuers gegen Dysenterie. Einmal bin ich bei meinen Stöbereien in alten Schmökern auf ein sehr seltsames Knochenmedikament gestoßen: man nehme ein Knöchelchen aus dem Schwanz eines Gürtelthiers, pulverisire es recht fein und mache dann Pillen von der Größe eines Stecknadelkopfes daraus, davon thut man je eine in das Ohr, wenn es schmerzt. Nun, ich möchte bei Anwendung dieser Arzenei doch ein wenig Vorsicht empfehlen.

Auch das Fleisch und die Fleischbrühe vieler Thiere wurden in der manchfachsten Weise in früheren Zeiten medizinisch benutzt. Gegen Gelbsucht und andere Leberleiden gab man gebratene Spitzmäuse oder Ratten, gegen Gifte Ichneumonfleisch, bei Wahnsinn Wolfsbraten, Hundebraten wider Haemorrhoiden und ein Bad aus der Fleischbrühe junger, noch blinder Hunde bereitet, gegen die Schwindsucht. Ein Fußbad von Fuchsbouillon half gegen das Podagra und aufgelegtes, gesalzenes Katzenfleisch zog Splitter aus. Harntreibend war Kaninchenbraten, gekochtes Mäusefleisch mit Essig und Oel diente bei Lungenkrankheiten und gebratenes war ein Brechmittel. Rehbraten als Medizin zur Vertreibung der Ruhr kann man sich schon gefallen lassen. Zu Eselsbouillon als Fußbad bei Zipperlein habe ich allerdings nur in soweit etwa

Zutrauen

zutrauen, als es sich dabei um Applikation einer warmen Feuchtigkeit handelt und ich glaube, wenn ich reine Schweinefleischbrühe gegen Erbrechen trinken wollte, würde ich eher den gegentheiligen Effekt erreichen. Das Auflegen rohen Kalbfleisches zur Erzielung oder Erhaltung einer zarten Haut ist ein Kosmetikum, das seit sehr langer Zeit bis heute von alten, männlichen und weiblichen Coquetten ohne Schaden benutzt wird, aber bei Magenkatarrh Rindfleisch mit Essig und Branntwein gedünstet zu essen, dazu gehören die Verdauungswerkzeuge unserer Vorfahren. Uebrigens soll Friedrich der Große sein Ende durch den Genuß eines solchen Gerichts wesentlich beschleunigt haben. Bäder aus Kalbs- und Rindsbouillon waren als balnea animalia sehr geschätzt, wurden besonders schwächlichen Kindern gegeben. Bei Bräune gurgelte man sich mit der Brühe von Zickleinfleisch.

Aus der Klasse der Vögel nahm man im Alterthum ein höchst widerliches Mittel gegen Epilepsie: man ließ sich nämlich einen Braten herrichten von einem Geier, der sich an menschlichen Leichen sattgefressen hatte. Viele Mittel gegen fallende Sucht deuten in der That auf eine Zeit zurück, als unsere Vorfahren wenigstens gelegentlich noch Menschenfresser waren. Manche Vogelbraten verrathen Signaturen, so Eulenbraten gegen Melancholie und Schwalbenbraten zur Stärkung des Gedächtnisses: die Eule ist selbst melancholisch, wirkt also durch den Gegensatz, die Schwalbe aber findet im nächsten Lenz ihr Nest mit wunderbarer Sicherheit wieder. Daß Habichtsfleisch die Augen stärkt und schärft, leuchtet ein, denn der Vogel zeichnet sich durch ein besonders gutes Gesicht aus, die Erklärung aber, weshalb es auch die Geburt erleichtern soll, haben die alten

Hebammen

Hebammen mit sich ins Grab genommen. So verstehe ich auch ganz gut, daß Fleisch und Brühe von Elstern die Augen gleichfalls schärft, warum es aber auch gegen Gelenkrheumatismus hilft, — ja, wer das wüßte! Bei Dysenterie gab man gebratene Amseln und bei Kolik Stieglitze. Die Milch der Frauen vermehrte sich durch Rebhuhnbraten und die helle Stimme des Kranichs übertrug sich auf den, der ihn verzehrte. Es ist nach dem Wesen der Signatur leicht erklärlich, daß das gehackte Fleisch des Bienenfressers auf Bienenstiche aufgelegt, die Schmerzen und Geschwülste verscheucht und daß man mit Rabenbouillon die grauen Haare färben soll, und wenn dieselben darauf noch, wie die Vorschrift lautet, mit bleiernem Kamme ausgekämmt werden, so kann man vielleicht Erfolge erzielen.

Schlangenfleisch half gegen Kropf und Vipernbrühe gegen Aussatz. Ein alter, römisch-griechischer Arzt, Sallustius Dionysius, verordnete, wie Plinius berichtet, bei Zahnschmerzen Froschsuppe; unsere deutschen Zauberärzte empfahlen dieselbe gegen steifen Hals, wie ihn der Frosch besitzt, — also noch signatura perversa! Fleisch und Brühe von Laubfröschen wendete man gegen Lungenentzündung an. Auch aus der Klasse der Fische wurden allerlei Gerichte, weniger aus kulinarischem als medizinischem Interesse, bereitet. Bei Verschleimung der Lungen und bei Magensäure gab man schleimige Schneckensuppen mit Gerste gekocht, und bei allgemeiner Körperschwäche Bäder von Schneckenbouillon. Das Fleisch und die Brühe von Sepien und Kalmaren waren harntreibend, halfen gegen Zahnweh, Kolik und Blähungen. Wenn aber Einer gebratene Seesterne gegen die fallende Sucht aß, — da hätte ich wohl sehen mögen, wie er die Zähne gehoben haben mag!

mag! Einen knusperigeren Braten kann ich mir nicht leicht vorstellen.

Hier dürfte wohl die schicklichste Stelle sein der Mumie zu gedenken, wenn sie ja auch weniger den vertrockneten, menschlichen Bestandtheilen, als den Pflanzenharzen, mit denen sie durchtränkt war, ihren Ruhm als Medikament verdankte. Die Araber haben sie in die Heilmittellehre eingeführt und König Franz I. von Frankreich hielt sie für eine köstliche Panacée, aber schon am Schlusse des 17ten Jahrhunderts wollten gebildete Aerzte sie aus den Offizinen entfernt wissen. Man machte Pulver, Salben und Elexire aus ihr. Geräuchertes Menschenfleisch scheint man gegen Wunden äußerlich gebraucht zu haben. Es hieß Mumia nova und mußte von einem etwa 24 Jahre alten, hingerichteten Manne sein, der rothe Haare hatte, „weilen in demselben das Geblüth dünner und das Fleisch daher auch vortrefflicher ist". In der Dresdner Taxe von 1652 figurirte auch eine „Hirschmumie", die mir sonst nirgends vorgekommen ist.

Mit wenigen Substanzen hat aber die alte materia medica mehr Unfug getrieben, als mit den thierischen Fetten. Die Dresdner Apotheker-Taxe von 1652 enthält deren 51, die Kopenhagner (1672) 41 und die Königl. Sächsische von 1823 immer noch 20. Darunter finden sich wunderliche Dinge und man begreift nicht, warum die alten Offizinen neben Storchfett auch noch Reiherfett, neben Hühnerschmalz auch noch Kapaunenschmalz besonders führten. Die Dresdner Taxe von 1652 zählt uuter ihren Schätzen außer Menschenfett auch noch Affenfett auf. Das menschliche Fette sollte stärken, zertheilen, die Schmerzen lindern, erhärtete Narben erweichen und die Blatternarben verteiben. Aehnlich, namentlich zertheilend

wirkt

wirkt Affenfett; Löwenfett kräftigte und zertheilte verhärtete Drüsen und gegen Flechten rieb man Leopardenfett mit Lorbeeröl ein. Bei Sehnenstarre salbte man mit Wolfs- und Fuchsfett, aus dem letzteren machte man auch eine gute, haarerzeugende Pomade. Gerade zu diesem Behufe ist aber kein thierisches Fett so lange, seit dem frühen Mittelalter bis auf unsere Tage, in Gebrauch gewesen, als das Bärenfett und ich könnte fast ein Dutzend Rezepte zur Bereitung der Bärenpomade anführen. Aber man schrieb dem Bärenschmalz auch noch andere heilkräftige Wirkungen zu, gegen Neuralgie, Rheumatismus, Podagra und Verbrennung. Ihm wohnte außerdem eine seltsame, für den Apotheker sehr vortheilhafte Eigenschaft inne, — es nahm nämlich während des Winters in den Gefäßen, in denen es in den Offizinen aufbewahrt wurde, zu. Dieses Wunder hing aber so zusammen: Der Bär wird, so war der allgemeine Glaube, im Winterlager durch das Saugen an seinen Tatzen fett. Irgend ein spekulativer Kopf, der seine Zeitgenossen kannte und wußte, was man ihnen in Sachen miraculorum zu bieten wagen durfte, übertrug die Fabel auch auf das Bärenfett. Bei Steinbeschwerden wurde äußerlich warmes Dachsfett eingerieben, das auch gegen Schlangenbiß half. Aus Hasenfett und einem lebendig zerstoßenen Krebs machte man eine Salbe zum Ausziehen der Splitter und das Fett des Siebenschläfers (Glis), der eine so rare Signatur in seinem Namen hatte, schmierte man bei Schlaflosigkeit auf die Fußsohlen. Vom Murmelthiere lautete ein alter Vers:

Das Murmelthier ist auch ein' rechte Rattenart,
Das Schmalz davon wird für die Nerven wohl bewahrt.

Auch

Auch das Fett vom Flußpferd galt für nervenstärkend, während man sich mit dem des Esels das Gesicht einrieb, um die Runzeln zu vertreiben, wozu übrigens auch alter, ranziger Speck höchst dienlich, wenn auch nicht gerade appetitlich war. Sommersprossen vertrieb man mit einer Salbe aus Bockstalg mit Schwefel und der Zwiebel der blauen Iris. Sonst wurde der Talg von Ziegen und Rindern bei rheumatischen Zuständen angewendet.

Es gab auch komplizirte Medikamente, die aus thierischen Fetten gewonnen wurden. So nahm man das Netz eines noch saugenden Zickleins, legte es 13 Tage (beileibe nicht 14!) in Rosenöl, nahm es dann heraus, breitete es auf einen Zinnteller aus, setzte es so in den warmen Sonnenschein und das Fett, das darauf ausschwitzte, war die beste Lippenpomade. Man ließ sich also auch vor 200 Jahren seine Schönheit etwas kosten, denn Rosenöl war eine sehr werthvolle, theuere Substanz. Ein anderes zusammengesetztes Mittel gegen Lähmungen wurde folgendermaßen gemacht: ein abgebalgter Fuchs wurde mit dreizehnerlei Kräutern gefüllt und am Spieße gebraten, das abträufelnde Fett wurde gesammelt und gab die Medizin. In England waren Medikamente, die man aus dem Fette ganzer, mit allerlei schönen Sachen gefüllter und am Spieß gebratener Thiere (Fuchs, Dachs, Hahn) gewann, weit verbreiteter als bei uns in Deutschland und das mag damit zusammenhängen, daß jenseits des Kanals jene Art zu braten seit jeher viel allgemeiner als in Deutschland war.

Das Mark der größeren Thiere, die Kost jugendlicher Heroen des Alterthums, gilt allgemein in der Medizin von ehedem als kräftigend, es wird dabei aber Rückenmark von dem Mark aus den

Röhrenknochen nicht oder kaum unterschieden. Hirschmark soll außerdem die Kraft besitzen Schlangen zu vertreiben, entsprechend der uralten Sage von der Feindschaft des Hirsches und der Schlange. Gegen Blasenkrampf gab man innerlich Lämmermark mit Nußöl und Zucker zerlassen; auf Gerstenkörner legte man Kalbsmark mit Wachs und Rosenessig und auf kontrakte Glieder Stiermark mit Lorbeeröl.

Die Fette der Vögel wurden vielfach nach den Signaturen dieser Thiere benutzt: das Fett großer, starker Vögel, wie Strauß, Kasuar, Kondor galt für nervenstärkend, das der scharfblickenden Raubvögel war gut für die Augen. Der Schmalz eines Reihers, der da stundenlang im Feuchten stehen kann, ohne Schaden an seiner Gesundheit zu nehmen, galt für heilsam bei Podagra und Rheumatismus. Daß die Wasseramsel bei grimmigster Winterkälte in den eisstarrenden Bächen munter schwimmt und taucht ohne den geringsten Nachtheil, beobachtete man mit Erstaunen: ha, Signatur! wenn nicht das Fett der Wasseramsel gegen Frostbeulen hilft, dann hilft nichts dagegen! Das Fett des Rothschwänzchen macht eine Ausnahme, es wird schmerzstillend genannt, hierfür ist aber weder im Namen noch in den Eigenschaften des Thierchens eine Signatur zu finden.

Krokodilschmalz war selbstverständlich auch nervenstärkend, weniger selbstverständlich war es, daß es auch den Schüttelfrost heilte, vielleicht lag in diesem Falle die Signatur darin, daß die Krokodile kaltblütige Wasserbewohner sind. Schlangenfett half zu vielen Dingen: man konnte seinen Haarwuchs dadurch bereichern, nahm man Schlüsselblumen dazu, so gab es eine feine Salbe wider das

das Podagra und Viperschmalz war dienlich bei Syphilis.

Fischfette werden in der alten Materia medica viel benutzt, aber merkwürdiger Weise ist gerade der Leberthran, das einzige Fischfett, das gegenwärtig noch offizinell ist, erst sehr spät in die Pharmakopöen eingedrungen, wie es scheint kaum vor 1770 oder 1780, und auch von da ab gewinnt er nur sehr langsam an Boden. So führte ihn 1823 die Dresdner Hofapotheke noch nicht. Allerdings empfiehlt Pansa (1622) bei Leibschmerzen den Nabel mit „Thran" einzureiben, es ist aber offenbar der gemeine Walfischthran gemeint, wie aus dem Zusatze ersichtlich „wie ihn die Seiler brauchen." Um so befremdlicher war es mir in der Preußischen Taxa von 1749 „Quappenleberöl" zu finden. Die Quappe (Lota, früher Gadus vulgaris) ist eine sehr nahe Verwandte der Schellfische, Dorsche u. s. w. (Gadus morrhua, aeglefinus rc.), die den Leberthran liefern. Das Leberfett der Quappe oder Aalraupe wurde allerdings in ganz anderer Art benutzt, wie gegenwärtig der Leberthran, nämlich äußerlich gegen Hornhautflecken und schon Aldrovandi rühmt es in dieser Hinsicht. Auch Äschenfett wurde bei Augenleiden angewendet. Aalschmalz war bei den alten Aerzten ein sehr beliebtes Fischfett, man bediente sich seiner äußerlich bei Blattern, Taubheit und zum Erzeugen der Haare. Den Kindern rieb man die Fußsohlen gegen Husten und die Schläfen gegen Schlaflosigkeit mit Hechtfett ein und mit Haifischfett das schmerzende Zahnfleisch. Meines Wissens wurde nur von einem einzigen wirbellosen Thiere ein Oel gewonnen und, zwar ebenfalls gegen Augenleiden, — von den großen, im letzten Viertel des Sommermonats gesammelten Roßameisen. Skorpion-

und

und Maiwurmöl gehören, wie wir sahen, nicht hierher, denn in diesem Falle wurde nicht das Oel aus jenen Thieren dargestellt, dieselben vielmehr lebendig in Oel geworfen.

Es ist selbstverständlich, daß thierische Gehirne bezw. aus ihnen gewonnene Präparate in der Volksmedizin, aber auch in den öffentlichen Apotheken nicht fehlen durften. So empfahl das Volk, natürlich wieder gegen Epilepsie, vom Hirn eines jungen Mannes zu essen und in der königlich preußischen Taxe von 1749 (aber nur in dieser) findet sich ein Menschenhirnspiritus, ich weiß aber weder zu was er dienlich war, noch wie man ihn herstellte. Häufig werden thierische Gehirne auch nach ihren Signaturen benutzt, so machte das des Bären, zu Asche gebrannt, tapfer und tollkühn, das des Eichhörnchens, wie wir schon sahen, schwindelfrei, ebenso Adlerhirn, äußerlich angewendet, und dasselbe ist zugleich ein gutes Mittel wider den Staar und andere Augenschwächen. Bei Kopfschmerzen war es überhaupt gut sich das Haupt mit Gehirn, besonders von Raubvögeln einzureiben. Das Zahnen der Kinder wurde erleichtert, wenn man ihnen das Zahnfleisch mit Hasenhirn bestrich, während Kaninchenhirn als Gegengift galt. Zauberhafte Verwendung fand das Hirn der schwarzen Katzen, das zu Liebestränken von den Weibern verwendet wurde. Ein sonderbares Mittel gebrauchte man gegen Wahnsinn: das Gehirn eines jungen Widders, der noch nicht beim Schafe gewesen war, man durfte ihn aber nicht schlachten, sondern mußte ihm mit dem Schwerte den Kopf abschlagen. Eine eigenthümliche Anwendung wurde vom Eulengehirn gemacht: man strich es nämlich ins Gesicht, um die Falten und Runzeln zu vertreiben. Vielleicht liegt hier eine Signatur des

Vogelhirns zu Grunde. Der Zootom Volger Coiter war der erste gewesen, der Gehirne von Vögeln, namentlich auch das der Eule, näher beschrieb (1573) und abbildete und darauf hindeutete, bei diesen Thieren sei die Oberfläche des Gehirns glatt, bei den Säugern aber mit Furchen und Windungen versehen. Es kann nun gar wohl sein, daß irgend ein alter Arzt beim Studium der Coiter'schen Schrift in dem glatten Eulengehirn eine Signatur sah, denn diese werden ganz unglaublich weit hergeholt. Freilich für den Gebrauch pulverisirten Haifischhirns zur Erleichterung der Geburt kann keine Signatur gefunden werden.

Die Thieraugen waren meistens gedörrt als Amulette in Gebrauch, so vom Reh gegen Zahnschmerzen, das rechte vom Bär oder Wolf gegen nächtliche Furcht der Kinder, es mußte aber mit einem Holz, nicht mit Eisen ausgestoßen sein. Vogelaugen wurden gegen Augenleiden benutzt: die des Uhus wurden zu Asche gebrannt und mit Honig und Gänseschmalz zu einer Salbe verarbeitet, die des Habichts wurden frisch in Rosenwasser eingekocht und dann aufgestrichen. Der schwedische Orientreisende Hasselquist berichtet, daß man seiner Zeit (um 1750), merkwürdig genug, in Aegypten Krokodilaugen als Aphrodisiacum verwendet habe. Aus den Linsen der Hechtaugen wurde ein Pulver gegen Seitenstechen hergestellt.

Sehr sonderbar ist auch die Rolle, welche neben den bei den Amuletten schon erwähnten Karpfensteinen, noch anderweitige, feste Gebilde von Fischen, die s. g. Fischsteine nämlich in der alten Medizin spielten. Das Gehörorgan mancher Knochenfische enthält im Vorhof jederseits ein größeres Konkrement in Gestalt einer dreiseitigen, flachen, verzerrten

zerrten Pyramide. Das sind die Lapilli, die nicht blos als Amulette getragen, sondern auch innerlich benutzt wurden. Man pulverisirte sie und gab sie per signaturam zunächst gegen Stein, dann gegen Blasen- und Nierenleiden überhaupt, auch gegen Sodbrennen und brachte bei Nasenbluten von diesem Pulver mit einem Leinwandbäuschchen in die Nase oder ließ das Blut einfach auf die ganzen Steine laufen. Am besten waren die, welche man einem Fische lebendig ausschnitt.

Theile der Fortpflanzungsorgane werden nur dem männlichen Geschlecht entnommen und dienen fast ausschließlich als Aphrodisiaca. Es ist wunderlich, daß man viele dieser Mittel als solche in den Apotheken feil halten durfte. Denn wenn sie auch, abgesehen von Spanischen Fliegen und etwa noch Maiwürmern, höchst harmloser Natur waren, so hielt man sie doch für sehr wirksam und jedenfalls wurden sie nicht blos zur eignen Kräftigung gekauft, sondern auch mit dem dolus, dieselben einer andern Person beizubringen, um so auf unerlaubten Wegen zum Ziel zu kommen. Man konsumirte die Hoden von fruchtbaren und wollüstigen Thieren: vom Hahn, Sperling, Hasen, Eber und bereitete Pulver aus ihnen, „denn sie taugen beim Unvermögen im Venus-Krieg und im Kinderzeugen". Aus dem männlichen Gliede ansehnlicher Thiere: vom Hirsch, vom Pferd und namentlich vom Elephanten, wurden Stimulantia hergestellt. Der Penisknochen des Walroß, meist als der des Flußpferdes angeführt, — beide Thiere verwechselte die alte materia medica fortwährend, — gab ein Geburt erleichterndes, steinbrechendes Pulver. Erwähnung verdient es, daß Ende der zwanziger Jahre unseres Jahrhunderts die Heringsmilch in die offiziellen Pharmakopöen als

Mittel

Mittel gegen die Schwindsucht eingeführt wurde, allerdings aber bald wieder aus denselben verschwand.

Großen Ansehens, und mit Recht erfreuten und erfreuen sich die Vogel-, besonders die Hühnereier. Abgesehen davon, daß auch sie als Aphrodisiaca ersten Ranges immer gegolten haben, — Wachtel-Eyer rühmt schon, wie Mercklein sagt, Kiramides „im Trunk genossen oder äußerlich angeschmieret zur Beförderung fröhlicher Venus-Lust“ — sind sie zur Ernährung schwächlicher, kränklicher Personen fast durch nichts zu ersetzen. Die alte Zeit schrieb ihnen außerdem noch viele geheime Kräfte zu. Aeußerlich linderte ihr Dotter, zog Wunden zusammen, vertrieb die Pockennarben und war ein Schönheitsmittel „fürs Angesicht“. Innerlich führte er ab, namentlich als Clystier angewendet. Eiweiß kühlt, zieht zusammen, heilt Wunden u. s. w. Eine berühmte Universalmedizin war das s. g. „güldene Ei“. Es wurde folgender Weise hergestellt: man öffnete ein ganz frisches Hühnerei am stumpfen Pol, wo sich bekanntlich ein Luftraum befindet, indem man vorsichtig eine Calotte abhob, ließ das Weiß ablaufen und füllte nun den dadurch entstandenen Raum mit Safran, der aber nicht pulverisirt sein durfte. Darauf setzte man die Calotte wieder auf die Oeffnung, verstrich die Naht mit einer Pasta von Kreide und Traganth und setzte darauf das Ei einige Stunden einer mäßigen Wärme aus, so daß sein Inhalt wohl eintrocknen, aber nicht verbrennen konnte. Endlich zerbrach man das Ei und pulverisirte den Dotter nebst dem Safran und gewann ein Mittel, das man rein gegen Pest, bösartige Fieber und alle Epidemien überhaupt verwendete, aber auch sehr vielen andern Arzeneien beifügte.

Nicht alle Rezepte zur Darstellung des güldenen

Eies

Eies sind so einfach wie das oben erwähnte. Man setzte dem aus der Schale genommenen Inhalt beim Pulverisiren noch allerlei Spezereien und Simplicia zu: Pulver aus Schmetterlingsraupen, weißen Senf, Diptamwurzel, Tormentillsamen, beste Myrrhen, gebranntes Hirschhorn, Brechnuß, Engelwurz, frische Pimpernell, Wachholderbeeren, Zederharz, Kampher, endlich noch besten Theriak. Dieses Rezept giebt Pansa 1619 zur Verfertigung des „güldenen Eyes Maximiliani I. Imperatoris" und ich möchte hiermit die Aufmerksamkeit aller Geheimmittelkrämer und quacksalbernden, alten Weiber männlichen und weiblichen Geschlechts auf dieses Rezept gelenkt haben. Einen vernünftigen Gebrauch machte man vom Eiweiß, indem man es roh bei Vergiftungen durch Metalle eingab, wobei es als ein mechanisches, so zu sagen: einwickelndes Mittel wirkt. Gegen Rheumatismus und Podagra bestrich man die schmerzenden Theile mit dem Gelb von Pfauen-, besser noch von Straußeneiern. Ein seltsames, schon von Plinius erwähntes Mittel gegen Trunksucht ist es, wenn man dem Patienten drei Tage hintereinander den Dotter von einem Eulenei in Wein gequirlt nüchtern zu trinken giebt. Pulverisirte Eierschalen, am besten von den festesten, den Straußeiern, verabfolgte man per signaturam innerlich gegen Stein. Bei Wechselfieber zog man während des Anfalls ein Stückchen des feinen Eihäutchens eines Hühnereies über die Kuppe des kleinen Fingers.

Frisches Froschlaich, Froschlaichsalbe (aber wirkliche, nicht das, was die modernen Pharmakopöen so nennen) und Froschlaichwasser waren beliebte Mittel gegen Hautkrankheiten an den Händen und gegen „das Ungenannte" (Panaritium).

Fischeier wurden viel benutzt: die großen der Rochen

Rochen, die s. g. Seemäuse legte man äußerlich bei Milzstechen auf, die des Meerengels nahm man pulverisirt gegen Durchfall, ebenso die von Hecht und Barben, die zugleich auch Erbrechen verursachten. Ein sonderbares Mittel gegen Gonorrhöe ist pulverisirter Heringsrogen.

Es blieb aber nicht immer beim Gebrauch unentwickelter Eier, man ging auch an die Embryonen, so aß man bei verdorbenem Magen die noch nicht ausgekrochenen Küchlein mit Galläpfel, wenigstens thaten das nach Plinius die Römer, obgleich die Sache ganz chinesisch klingt. Vom Fett einer aus dem Mutterleibe geschnittenen Hirschfrucht heißt es sehr geheimnißvoll „hilft zu großen Dingen", und durch das Verspeisen von Hasenembryonen beseitigte man die Unfruchtbarkeit der Weiber. Ja, — unsere Vorfahren verstanden es eben sich alle Signaturen zu nutze zu machen und wer weiß, ob Mancher von uns da wäre, wenn unsere Ururelternmütter nicht ihrer Nachkommenschaft zu Liebe den Ekel überwunden und ungeborene Häschen gegessen hätten. Seien wir den alten Damen in ihren Gräbern noch dankbar dafür!

Auch menschliche Nachgeburt und Nabelstrang entgingen der Arzneikunst unserer Ahnen nicht. Die erstere wurde aufgelegt und innerlich gegen Epilepsie und zur Unterstützung der Wehen gegeben. Secundinae fanden sich bis in die Mitte des vorigen Jahrhunderts hinein in den deutschen Apotheken. Die Nabelschnur mußte von einem Knaben, und zwar von einem Erstgeborenen sein: sie wird vorsichtig getrocknet, in ein Tüchlein wohl verwahrt und bei Bauchgrimmen auf den Nabel gelegt: „vertreibet alle Wehtag" im Leibe. Die getrocknete Nachgeburt einer Katze trug man als Amulett gegen

Augenleiden und natürlich war die von einer schwarzen Katze herrührende, besonders wenn sie zum ersten Male gehecht hatte, von besonderer Kraft und Güte. Etwas unklar ist es, was man unter Hippomane verstand. Nach einigen wäre es Genitalschleim der eben besprungenen Stute, nach andern eine Masse, die sich auf dem Kopfe oder im Maule des junggebornen Füllen fände, im letzteren Falle mußte man rasch bei der Hand sein und sie wegnehmen, sobald das Füllen sie ausgespuckt hatte, sonst wurde sie gleich von der Stute selbst gefressen. Gedörrt und pulverisirt gab sie ein Mittel gegen Epilepsie ab und hatte auch große Zauberkraft. Wahrscheinlich bestand sie aus Resten von Eihäuten, einzelnen Kotyledonen u. dergl.

Es bleiben uns jetzt aus den Schätzen der alten materia medica nur noch dreierlei Stoffe der Abscheidung und des Auswurfs zu betrachten übrig: außer der köstlichen Milch auch noch der Harn und der Koth, die allein eine ganze Apotheke ausstatten konnten in jenen Tagen, da man so gern „das Widerliche zusammengoß".

Von der Milch sagt der alte wackere Johann Jakob Weyfer „führwahr, es ist etwas köstliches in der Milch" und die alten Meister von Salern lehrten: „Milch ist dem Braven gesund, Ziegenmilch weniger als Kamelsmilch, Kamelsmilch weniger als Kuh- und Eselinnenmilch. Denn vor allen ist die Eselinnenmilch ersprießlich, nach ihr Kuh- und Schafmilch. Bei Fieber und Kopfschmerzen ist Milch nicht zuträglich."

Man benutzte die Milch äußerlich zu Bädern, Waschungen, mit andern Stoffen verbunden zu Umschlägen, innerlich rein oder mit Zuthaten zum Trank und als Clystier. Auch Rahm, Molken, Butter und Käse fanden in alten Zeiten noch mehr medizinische Verwendung als gegenwärtig. Zwei, von

kompetenter

kompetenter Seite angewandte, heilkräftige Produkte der Milch kannte die ärztliche Kunst unserer Vorfahren noch nicht: die aus Osten eingeführten Kefyr und Kumis.

Mit Milchbädern wurde schon im Alterthum großer Luxus getrieben. Die Poppaea Sabina, die Gemahlin des Kaisers Nero badete sich alle Morgen in Eselinnenmilch und auf ihren Reisen führte sie nach Bericht des Dio Cassius 50 Eselinnen in ihrem Gefolge mit sich. Die stolze und üppige Gemahlin des Kaisers Augustus, die Livia Drusilla soll gar die Milch gefangener keltischer und germanischer Weiber zur Herstellung von Bädern benutzt haben. Die menschliche Milch wurde gegen Fieber, Gelbsucht, Vergiftungen, Lungenkrankheiten u. s. w. innerlich angewendet, äußerlich bei geschwollenen Brüsten, Podagra, und Krankheiten der Ohren und Augen. Schon Herodicos, der Lehrer des Hippokrates und des Euryphontes, der berühmtesten knidischen Aerzte, ließ, wie Galen berichtet, Schwindsüchtige Milch aus den Brüsten der Weiber trinken. Plinius sagt, wer seine Augen mit einem Gemisch der Milch seiner eignen Mutter und seiner leibhaften Schwester einriebe, würde niemals von einer Augenkrankheit befallen. Leider werden nicht allzuviel Leute in die Lage kommen von diesem Palliativmittel Gebrauch zu machen. Im Uebrigen war es besonders heilsam, wenn die Milch von einem kräftigen jungen Weibe kam, womöglich von einem, das zum ersten Mal geboren hatte und sich eines sittsamen Lebenswandels befleißigte.

Um einen schönen Teint zu bekommen, wuschen sich vor etlichen hundert Jahren die Damen das Gesicht abends mit Eselinnenmilch, wischten sich nicht ab, sondern ließen dieselbe an Ort und

Stelle

Stelle trocken werden und erst am andern Morgen wuschen sie mit Citronensaft nach. Wer nicht so hoch hinaus konnte, begnügte sich mit der Milch von Kühen oder von den damals viel zahlreicher als jetzt gehaltenen Ziegen. Auch putzte man sich die Zähne mit Eselinnenmilch. Umschläge von Ziegenmilch, in der Kamillen abgekocht waren, benutzte man bei kaltem Brand und von solcher, die mit Essig abgesotten war, gegen den Kropf.

Was den innerlichen Gebrauch der Milch anlangt, so verwandte man sie vielfach zu Clystieren, deren sich auch Gesunde bedienten, denn man schrieb ihnen sehr kräftigende Wirkungen zu. Sonst wurden sie besonders bei Leiden des Mastdarms, Hämorrhoiden u. dergl. applizirt.

Als inneres Mittel findet die Milch einen begeisterten Lobredner in Alexander von Tralles. „Die Milch, sagte der gelehrte Mönch, kann Geschwüre heilen, Fleisch erzeugen und den menschlichen Körper besser ernähren als irgend etwas anderes in der Welt. Wer längere Zeit ausschließlich von ihr leben würde, der würde von Grund aus gesund werden!" Auch die alten Zeiten hatten ihre Galaktopathen, ihre Milchdoktoren, wie sie von Zeit zu Zeit auch unter uns noch auftauchen, die da alle Leiden mit Milch heilen wollten. Ueber sie macht sich der alte, wackere J. S. Carl in seinem „Zeugniß von chymischer Storgerey" (Frankfurt u. Lpzg. 1733) lustig. „Die Milch-Cur, sagt der vorurtheilsfreie Mann, hat vielerley Façon und panacäalische Veränderungen hervorgerufen, die alle Jahr eine neue Parade machen. Die schlechte Milchspeißerey hat schon so viel Experimenta und Documenta hervorgebracht, daß die Medici auf Schulen, wie die Grammatici, über Zu- und Mißbrauch derselben

selben mit allerhand Kauteln und Observationibus zanken".

Im besondern Ansehen stand der Genuß der Milch als ein Mittel gegen Lungenschwindsucht, namentlich die von Eselinnen, Stuten und Gemsgaisen. Eselinnenmilch war außerdem mit pulverisirtem Blätterschwamm (Agaricus) ein Mittel bei Magenkatarrh und rein genossen gut gegen den Stein, wie Ziegenmilch. Die letztere wurde auch gegen geschwollene Milz gegeben und zwar in einer ziemlich verwickelten Art und Weise: zunächst mußten der Patient und die Ziege, beide, drei Tage fasten, dann wurde die Gais mit Epheublättern gefüttert und früh morgens bevor sie zu trinken bekam, gemelkt. Die ganze Milchportion mußte der Patient, solang sie noch warm war, an drei Tagen hintereinander nüchtern austrinken. Wir haben hier einen der interessanten Fälle, wo durch die Ernährung eines Thieres ein Theil seines Körpers, was die Milch doch auch ist, erst die nöthige Heilkraft erhält. In diesem Sinne war es, daß man, wie erwähnt, klein geschnittene Kreuzottern an Hühner verfütterte, deren Fleisch dadurch die Kräfte eines Gegengiftes bekam. Darum wurde auch das Fleisch solcher Geier, die sich an menschlichen Leichen gesättigt hatten, gegen Epilepsie und das Blut von mit steintreibenden Kräutern gefütterten Böcken gegen den Stein in Anwendung gebracht. Es ist eigentlich verwunderlich, daß noch keine medizinische Schule aufgetreten ist, welche die Milch als Verdünnungsmittel der Medikamente benutzt hat: man bringe dem die Milch liefernden Thiere das Mittel bei und gebe dem Patienten die Milch zu trinken. So gut ein Säugling betrunken wird, wenn sich die Amme betrank, oder Blähungen bekommt, wenn

diese

diese etwas Blähendes genossen hat, ebenso gut müßten auch Arzeneien auf diesem Wege wirken können. Vielleicht nimmt irgend ein strebsamer, junger Wunderdoktor sich der Durchdenkung und Durchführung dieser Angelegenheit an. Ich zweifle nicht, daß seine Kurmethode Anklang finden würde. Das Abenteuerliche und das Verfahren auf Umwegen hat ja noch immer Anklang gefunden!

Doch zurück von diesem Exkurse zur Behandlung unseres eigentlichen Themas. Der Kuhmilch, der verbreitetsten Milchart, scheint man keine spezifischen Heilkräfte zugeschrieben zu haben, so hoch man ihre allgemeinen Wirkungen auch anschlug. Ich habe ihrer blos als Mittel gegen Durchfall erwähnt gefunden. Man reichte sie, nachdem man ein glühendes Stück Eisen in ihr abgekühlt hatte. Gegen weißen Fluß wurde, mit Berücksichtigung einer wunderlichen Signatur, die Milch einer nicht trächtigen, ganz schwarzen Kuh gegeben.

Die Molken, besonders die Ziegenmolken haben als Heilmittel bei Blutarmuth, Bleichsucht, allgemeiner Körperschwäche, Anlage zur Schwindsucht u. s. w. unter Aerzten und Laien ihre großen Verehrer seit Alters gehabt und haben sie noch. Vielleicht thun aber die Zusätze von Mineralwässern, Alaun, Tamarinden, sowie die Diät und der Aufenthalt in den Molkenanstalten in frischer Bergluft mehr als die Molken selbst. Zu Vater Plinius' Zeiten genoß man sie mit Meth, der uns so gut wie ganz abhanden gekommen ist, vermischt, bei Lähmungen.

Die geronnene Milch aus dem Magen junger, saugender Thiere, die den Namen Coagulum, Gerinsel, schlechtweg führte, war kein ungewöhnlicher Heilstoff. Vom Hasen sollte das Gerinsel äußerlich angewendet

angewendet fruchtbar machen, innerlich genommen aber die Frucht abtreiben. Das ist ein seltsamer Widerspruch, der sich vielleicht aus der bei Hasen vorkommenden und den Alten schon bekannten Superfötation herleiten läßt. Kalbskoagulum galt gegen Epilepsie, Lammsgerinsel bei Vergiftungen und in die Nase gestopft bei Nasenbluten und Coagulum equi, auch Hippace genannt, war ein Mittel wider die Ruhr.

Der Butter schrieb man die Kraft zu zusammen zu ziehen, zu reinigen und namentlich zu erweichen. Wenn wir als Kinder uns an den Kopf, gestoßen hatten oder auf die Stirn gefallen waren, sodaß nach menschlicher Berechnung eine, in ihrem späteren Stadium schön blau-grün-gelb schillernde Brausche zu erwarten stand, rieb uns die Mutter die Stelle mit Butter ein, was einen gar lieblichen Glanz gab. Befanden wir uns aber in dem Stadium des Schnupfens, wo er noch nicht „locker" war oder wo er nicht vorwärts und nicht rückwärts wollte, so wurde uns abends beim Schlafengehen der Nasensattel mit erwärmter Butter gesalbt. Probatum est! doch glaube ich der Schnupfen wäre auch ohne dies „locker" geworden, wenn seine Stunde gekommen wäre. Von der aus Menschenmilch bereiteten Butter sagt Vater Schröder: „Die Butter tauget sehr wohl vor die Augen, und zum Abnehmen (Entwöhnen) der Kinder, wenn man deren Rücken damit schmieret. Wider die Lungensucht ist nichts besseres denn ermelte Butter".

Plinius empfiehlt den Käse als Medizin innerlich bei Durchfall, Bauchgrimmen, äußerlich bei Hautkrankheiten. In Deutschland wandte man vordem alten Kuhkäse in Gestalt von Umschlägen bei Podagra an (vielleicht sah man in diesem Falle im im Duft eine Signatur?) und bei Schlangenbiß legte man frischen Ziegenkäse auf die Wunde. Nach Schröder dörrte man das Euter einer jungen Kuh, pulverisirte es und gab es als ein milchvermehrendes, inneres Mittel.

Wer die nun folgenden Zeilen lesen will, der beherzige das, was der Naturforscher sagt: es gibt keinen Dreck! und daß die Mittel, die jetzt an die Reihe kommen, nicht Anspruch darauf machen, salonfähig zu sein, aber sie wollen mit ebenso objektiven Augen angesehen werden, wie Rosenöl, Ambra, Myrrhen und Moschus.

Der menschliche Harn war eine Art Universalmedizin und man schrieb ihm bedeutenden Nutzen zu bei: thränenden, entzündeten Augen, überhaupt bei Augenkrankheiten aller Art, bei Fieber, Wassersucht, Krätze, Ausschlag, Grind, Aussatz, Wunden, Parotidis oder Mumps, bei allen Ohrenkrankheiten, Gelbsucht, Pest, Schlangenbiß, Gift, Bubonen, Hysterie, bei Krankheiten der Brüste, Nasenbluten, Athemnoth und Asthma, geschwollener Milz, Podagra, Rose, Blattern, Ruhr, Harnverhalten, Brand, Herzklopfen, Ohnmacht, Melancholie (!) Stein, Epilepsie, Leberkrankheiten, Kopfflechten, Kolik u. s. w. Der eigne Harn sollte im Allgemeinen am dienlichsten sein, doch zogen manche Aerzte in gewissen Fällen den unschuldiger Knaben vor. So gibt noch Friedrich Hoffmann folgendes Rezept zu einem Augenwasser:

Knabenurin 1 Pf.
röm. Vitriol 8 Loth
Schwalbenwurz $1^1/_2$ Pf.

Das Ganze läßt man einige Tage digeriren und destillirt es dann. Ueber die Verwendung des Harns

bei

bei Augenleiden erzählte man sich im Alterthum folgende Anekdote: „Pherono, der Sohn des Sesostris, war in der Jugend durch eigenes Verschulden blind geworden und erfuhr als Mann durch das Orakel, er würde das Licht seiner Augen wieder erlangen, wenn er sich dieselben mit dem Harn einer verheiratheten Frau wasche, die sich niemals mit einem andern Manne als dem ihrigen eingelassen habe. Natürlich nahm er zunächst seine Zuflucht zu seinem eignen Weibe, indessen — der Erfolg blieb aus. Nach vielen vergeblichen Bemühungen fand er endlich ein Weib, dessen Urin die gewünschte Wirkung hatte. Er machte es sofort zu seiner Gemahlin, die andern Weiber, sein eigenes voran, ließ er verbrennen. Daß wir übrigens auch im Kapitel Harn einer humoristischen Signatur nicht entbehren: der Harn eines Kastraten machte unfruchtbare Weiber fruchtbar! Lucus a non lucendo!

Die alten, arzneikundigen Jäger hoben von den erlegten Hasen den Urin und die Blase auf, denn jener mit Oel ins Ohr geträufelt vertrieb die Schwerhörigkeit und ein aus dieser bereitetes Pulver hob das Harnverhalten. Der Biberharn galt als Gegengift, wahrscheinlich mit Bezug auf das Kastoreum, das auch als solches angesehen wurde. Mit Hundeurin behandelte man äußerlich den Ausschlag, und Nierenkrankheiten innerlich mit Eselsharn. Gegen Blasenleiden nahm ein männlicher Patient Pulver, das aus der Blase eines wilden Ebers, und ein weiblicher solches, das aus der einer Sau bereitet war und bei Kopfgrind setzte man den Kindern die frische Harnblase eines Hirsches wie eine Mütze auf. Eine schöne Signatur fand man im Urin eines Bullen, der eben eine Kuh besprungen hatte: er mußte natürlich ein prachtvolles Aphrodisiacum sein, — äußerlich anzuwenden!

Galenus

Galenus bemerkt einmal: „medicus sane optimus ignorare non debet medendi rationem per stercora“ zu deutsch: ein wirklich tüchtiger Arzt darf Kothkuren nicht übersehn. Das haben sich die alten Doctores gesagt sein lassen und wir haben zwei pharmaceutische Monographien, die über die Verwendung des Kothes in der Heilkunst handeln, die eine von 1644 hat einen gewissen Johann David Ruland zum Verfasser und die andere ist die berühmte „Dreckapotheke“ Kristian Frantz Paulini vom Jahre 1713, die aus zwei Theilen besteht, die zusammen nicht weniger als 710 Seiten umfassen! Es giebt kaum ein Säugethier oder einen Vogel in Deutschland, dessen Koth nicht benutzt wurde und es gibt kaum eine Krankheit, bei der er nicht angewendet wurde und am sichersten ging Jener, der gegen die Kolik Bäder empfahl, denen man alle möglichen Mistarten, deren man nur habhaft werden konnte, zusetzen sollte. Man war von der Wunderkraft des Kothes in medizinischen Dingen fest überzeugt und Luther ruft aus: „Profecto, mich verwundert, daß Gott so hohe Artzeney in den Dreck gesteckt hat!“

Als der vornehmste und heilkräftigste Koth galt natürlich der des Menschen und man verordnete ihn an gegen alle Halskrankheiten, Wunden, Verstopfung, Syphilis, Krebs, Geschwüre, Rothlauf, giftige Biße und Stiche, Verbrennungen, alle Fieber, Augenleiden, Flechten, Haarkrankheiten, Pest, Gelbsucht, Panaritium, Hysterie, Hämorrhoiden, Epilepsie, Stein, Brandwunden, Krätze, er wurde zur Bereitung von Schönheitswasser verwendet und aufgelegt um eingestoßene Splitter herauszuziehen. Man mag ihm wohl auch dämonische Kräfte zugeschrieben haben, wie ich aus einem Ausspruch des Paulini schließe: „Dem Teufel, sagt dieser Dreckapotheker, ist

ist fast nichts mehr zuwider als Menschendreck. Man kann ihn auch nicht ärger quälen, als wann man dergleichen auff die von ihm und seinen lieben Getrewen erregten Schäden legt." Auf das Dämonische, das jener Substanz innewohnen soll, zielt wohl auch der uralte und heute noch nicht verschwundene, abergläubische Brauch der Einbrecher von Fach, die Orte, welche sie zum Schauplatz ihrer verbrecherischen Thätigkeit gemacht haben, mit ihrem Kothe zu besudeln.

Einige spezielle Arten wie Menschenkoth in der alten Heilkunde angewendet wurde, mögen hier folgen. Gegen Bräune benutzte man warme Umschläge, bestehend aus dem Koth von Menschen, Rind, Taube, Ziege, Spitzmaus, Henne, ungebranntem pulverisirten Kalk und das Bindemittel für diese, in der bedeutungsvollen Zahl 7 ausgewählten Substanzen war der Saft einer saueren Gurke und Leinöl. Der Umschlag wurde so heiß um den Hals gelegt, wie es der Kranke nur vertragen konnte. Der Gebrauch des Menschenkoths gegen Halsbräune ist uralt. Schon ein alter atheniensischer Arzt, Aeschines, heilte sie, wie Plinius berichtet, mit einem Mittel, das er Botryon nannte und das wesentlich aus der Asche menschlichen Kothes bereitet war. In Deutschland wurde derselbe gegen jene Krankheit in verschiedener Gestalt benutzt. Man setzte ihn getrocknet und pulverisirt dem Gurgelwasser zu, benutzte ihn mit Hefe, Kirschharz, gebrannter Thymianasche und Auerhahnschmalz, oder mit Hundekoth und Ochsengalle zu Umschlägen. Man machte auch eine Salbe aus Honig und dem Kothe von Knaben, die einige Zeit lang nichts als gutes Weißbrod und Hühnerfleisch gegessen hatten. Auch als wurmabtreibendes Mittel wurde

Menschenkoth

Menschenkoth mit dem Saft frischen Pferdemistes verdünnt gereicht. Anthelminthika wurden sehr häufig in der alten Zeit auch als Gegengifte angesehen. Camerarius hat uns diesbezüglich eine merkwürdige Anekdote hinterlassen. Man wollte die Kraft des Menschenkoths als Antidot experimentell feststellen. Man gab einem armen Teufel, der eines Diebstahls halber gehänkt werden sollte, mit seiner Einwilligung und unter der Bedingung, daß man ihn, wenn er den Versuch überstände, laufen lassen würde, einen tüchtigen Trunk Aconit und darauf das erwähnte Gegengift. Aber, — der unglückliche Wicht starb trotzdem unter viel schauderhafteren Schmerzen, als er am Galgen dürfte empfunden haben. Camerarius meinte indessen, das Pulver sei darum nicht schlechter, wenn es auch just nicht gerade bei Vergiftungen durch Eisenhut hülfe. Da ich einmal beim Anekdoten-Erzählen bin, so mag gleich noch eine folgen, die uns Salmuth hinterlassen hat. Kam da einst ein Schindersknecht zu Wittenberg in die Apotheke. Hier roch es nun so ganz anders, als er von seinem Metier zu Hause her gewohnt war, und der gute Geruch der Kräuter und Spezereien wirkten so mächtig auf sein, in dieser Beziehung so naives Nervensystem, daß er ohnmächtig zusammenbrach. Da war guter Rath theuer, denn anfassen mochte niemand einen Menschen, der in der damaligen Zeit für unehrlich galt, doch führte der Zufall seinen Meister vorüber. Dieser wurde herbeigerufen und brachte, da er seine Pappenheimer kannte, rasch Hülfe. Er schleppte den Bewußtlosen zur offenen Abtrittsgrube, wo er bald wieder zu sich kam, „deren Geruch ihm besser war als die gantze Apotheke" schließt Salmuth seine erbauliche Erzählung.

Von

Von den Thieren ist es besonders der Hund, dessen Koth benutzt wird. Der erwähnte Ruland zählt nicht weniger als 31 Krankheiten auf, gegen die er helfen soll. Besonders die Form des Hundekoths gebrauchte wurde, die graecum album, griechisch wohl Weiß, fälschlich auch Galmey genannt wurde und die bis in unser Jahrhundert hinein in den Apotheken zu finden war. Dieses graecum album bestand wesentlich aus den unverdaut abgegangenen Resten der gefressenen Knochen und man fütterte Hunde, besonders weiße (!) mit großen Knochen um die Masse zu erhalten. Man braute unter anderm daraus die berühmte potionem vulnerariam Schleinitiorum lipsiensem. Aus sehr großen Splittern machte man Zahnstocher, denen besondere Eigenschaften inne wohnen sollten. Die Kraft des graecum album ist in den Hundstagen, „wenn der Hunde Natur erhöht ist, durchdringender und subtiler". Der wohlriechende Koth des Steinmarders sollte Drüsen erweichen, und gegen die Epilepsie, zu deren Bekämpfung, wie wir sahen, so viele zauberhafte Mittel im Schwange waren, verabfolgte man den Koth einer schwarzen Katze. Mäusedreck half innerlich gegeben bei Verstopfung und Harnverhalten, galt auch als Aphrodisiakum und äußerlich angewendet als ein Mittel Haare zu erzeugen und Kopfschuppen zu vertreiben. Rattenkoth wurde in den alten Offizinen unter den Namen muscerda und stercus nigrum geführt, als Medikament gegen alle Krankheiten, die durch Behexen entstanden waren, und vielleicht war das Letztere der Grund, daß ihn die Weibsleute zum Abtreiben der Frucht benutzten! Um das Blut zu stillen legte man „zarte Fäßlein von leinen Tuch", also was wir heute Charpie nennen würden, mit der Asche eines alten, schwarzen

Filzhuts

Filzhuts und Schweinemists auf. Der Koth des Schweines stand überhaupt seit Alters her in nicht geringem Ansehen. Plinius erzählt, der Kaiser Nero habe zu seiner Stärkung ein aus dem im Frühjahr gesammelten Dung wilder Schweine bereitetes Tränklein zu naschen gepflegt. Ein Rentmeister zu Hildesheim verlor, in Folge eines Schlaganfalls die Sprache. Da kam ein altes Weib und hielt ihm einen frischen Schweinsdreck unter die Nase und siehe, Seiner Gestrengen brachen in die Worte aus: „O Gott, wat stinkt dat Sau!" und waren von Stunde an geheilt.

Des Saftes der Roßäpfel bediente man sich innerlich bei Rippenfellentzündungen und nach Melanchthons Mittheilung ist Luthers „Herr Käthe" dadurch geheilt worden. Eselsfeigen wurden gleichfalls häufig gebraucht. Man schnupfte sie pulverisirt bei Nasenbluten, trank sie in Wein aufgelöst gegen die Folgen des Skorpionstichs und benutzte ihre Asche bei der Ruhr. Maulthiermist trank man mit Honig und Wein wider Milzstiche und den Koth und Harn des männlichen Maulthiers verarbeitete man zu einer Hühneraugensalbe.

Gemsdung in Meth genommen vertrieb den Stein und ebenso die Asche des Mistes eines Bockes, der 7 Tage lang mit grünen Lorbeerzweigen gefüttert war. Ziegenmist mit Wein trank man wider den Husten, aber meist wurde er äußerlich angewendet gegen: Schlangenbisse, Skorpionstiche, Krebs, Anus prolapsus, vertretenen Fuß und eingestoßene Splitter. Die alten römischen Gigerl machten sich nach Aussage des Plinius mit Oel und der Asche von Kamelmist die Haare kraus. Mit Widdermist und Essig glaubte man die Muttermäler und mit Schafmist die Hühneraugen beseitigen zu können. Schafsdung

dung war weiter ein Hauptmittel gegen die Pocken und wurde als solches noch zu Bechsteins (1801) Zeiten von den Bauern angewendet. Valentin Duval, der spätere kaiserliche Bibliothekar, erkrankte als landstreichender Knabe an den schwarzen Blattern; ein alter Schäfer nahm ihn auf und vergrub ihn bis an den Hals in Schafmist und Duval meint, das habe ihm das Leben gerettet. Wie Schafdung ein Hauptmittel gegen die Pocken war, so war es Kuhmist gegen die Wassersucht. Man machte aus ihm entweder warme Umschläge oder man zog den Patienten splitternackt aus, überschmierte ihn mit frischen Rinderfladen und setzte ihn in die Sonne. Auch bei Bienen- und Wespenstichen wurde Kuhdung aufgelegt und zum Zurücktreiben der Brüche kochte man ihn mit Rothwein zu Umschlägen. Zur Bekämpfung des Fiebers diente bis in dieses Jahrhundert hinein der Saft des Rindermistes und ich kann mich noch aus meiner Kindheit erinnern, daß eine in höchstem Grad hektische Bekannte meiner älteren Schwester auf ärztlichen Rath in den Kuhstall des Rittergutes zu Tiefurt bei Weimar untergebracht war, — sie sollte dort Genesung finden, aber bald fand sie ihren frühen Tod. Einer Substanz müssen wir noch im Anschluß an den Koth der Säugethiere gedenken, die zwar erst 1818 in die europäischen Pharmakopöen eingeführt wurde, aber doch schon veraltet ist. Das ist das Hyracium, das dasjespis der Holländischen Kolonisten am Kap. Zuerst wird dieser Stoff 1745 von dem Afrikareisenden und Missionar Peter Kolbe erwähnt, der ihn von den Viehärzten der Hottentoten kennen lernte. Schon am Ende des vorigen Jahrhunderts wurde das Hyracium von den Boeren bei hysterischen Zufällen innerlich gegeben, ohne daß man

man genau wußte, was es eigentlich sei. Nur so viel wußte man, daß es vom Klippschliefer (Hyrax capensis) stammte." Die Einen sahen in ihm eingedickten Urin, andere das Abscheidungsprodukt besonderer Drüsen und die dritten endlich den Koth des Thieres. Es findet sich an den Orten, wo Klippschliefer zahlreich hausen, aber nur zu ganz bestimmten Zeiten und das schien die Ansicht, daß es eine Abscheidung gewisser Drüsen sei, nicht wenig zu bestätigen. Gleichwohl dürfte es der Koth sein, der sich nach dem Genuß eines sehr harzreichen Krautes bildet. Die Pflanzen Südafrikas bieten bekanntlich viele Eigenthümlichkeiten und eine solche ist, daß viele von ihnen nur auf eine verhältnißmäßig kurze Zeit sichtbar werden, den größten Theil des Jahres aber als Wurzeln, Knollen, Zwiebeln, so zu sagen, unter der Erde verschlafen. So ist es auch mit jener Pflanze, welche die Klippschliefer nur während weniger Wochen fressen können. Aehnliches kommt übrigens auch bei uns vor. So ist der Koth der Blau- und Rothkehlchen nur zur Zeit der Fliederbeerreife violett und der des männlichen Auerhuhns ist nur während der Balzzeit grün und so harzreich, daß er brennt, weil der Vogel in dieser Zeit blos Tannennadeln genießt.

Es ist merkwürdig, daß dieser eigenthümliche, den Jägern als „Balz- oder Falzpech" gar wohlbekannte Mist des Auerhahns beim Volke keine medizinische Verwerthung gefunden hat, wenigstens ist mir nichts davon bekannt geworden, auch Merklein erwähnt in seinem, sonst sehr reichhaltigen „historisch-medizinischen Thier-Buch" nichts davon, ebensowenig Geßner. Sonst wird der Koth einer ganzen Reihe von Vögel benutzt, zumeist natürlich der der Hausvögel. Taubenmist gebraucht man mit

Johanniskraut, Malvensprossen und weißem Steinklee als Zusatz zu heißen Bädern für Gichtkranke u. s. w. Mit Essig zog man ihn bei Ozaena in die Nase. Hühnerkoth wurde innerlich angewendet, wenn sich jemand durch den Genuß von Pilzen vergiftet hatte und Pfauenmist half gegen Schwindel. Im höchsten Ansehn stand aber der Gänsekoth. Hatte man sich durch Schießpulver verbrannt, so legte man auf die Wunden eine Salbe bestehend aus dem Miste von Gänsen und jungen Hähnen mit Eberschmalz. Der Gänsedung erleichterte auch die Geburt, war harntreibend und vertrieb, dem Getränke zugesetzt den Husten. Auch zauberhaftes Wesen spielt in seine Benutzung hinein: Laß einen alten Gansert 3 Tage hungern, dann wirf ihm einen frischen, in Stücken geschnittenen Aal vor. Sein Koth danach ist vortrefflich gegen Blutspeien. Das Universalmittel Kaiser Maximilians des Iten (der ein besonderer Kurpfuscher gewesen zu sein scheint) bestand größtentheils aus im März und April gesammeltem Gänsedung. Innerlich genommen half Eulenmist bei Melancholie, Krähendung gegen Dysenterie und Sperlingskoth mit warmen Oel in das Ohr eingeträufelt wider Zahnweh.

Es liegt in der Sache der Natur, daß man vom Koth der Wirbelthiere aus andern Klassen nur sehr wenig Gebrauch machte und machen konnte. Aus dem der Krokodile bereite man eine Salbe zur Verschönerung der Haut, da man ihn aber nicht leicht haben konnte, griff man zum Surrogat, nämlich zum Mist der einheimischen Repräsentantinnen der Krokodile, zu dem der gewöhnlichen Eidechsen. Man stellte aus ihm mit os sepiae, weißem Weinstein, abgeschabtem Hirschhorn, weißen Korallen und Reismehl, alles zu gleichen Theilen, ein Pulver

her,

von einer Giftschlange gebissen worden, so wurde der Stein auf die Wunde gelegt, sog das Gift aus ihr heraus und in sich hinein. Darauf wurde er in Milch geworfen, wo er das aufgenommene Gift bald fahren ließ und so schön und brauchbar wie vorher wurde. Die Milch aber nahm wegen des aufgenommenen Giftes eine grüngelbe Farbe an. Der erste, der dieses Mährchen auftischte war der Allerweltsskribent Athanasius Kircher, S. J.

Eine seltsamer Aberglaube ist es, der in der alten materia medica sein Unwesen treibt und es ist gewiß an und für sich nicht ohne Ergötzen, sich auch auf diesem Gebiet einmal in den Geist der Zeiten zu versetzen. Aber man kann doch nebenher allerlei andere, nicht uninteressante Thatsachen dabei kennen lernen. So z. B., daß gewisse Krankheiten, Stein, Podagra, Epilepsie, Augenleiden, Geschwüre und andere Hautaffektionen häufiger gewesen sein müssen als jetzt, das ergiebt sich aus der geradezu ungeheueren Menge von Heilmitteln gegen diese Leiden. Und die größere Häufigkeit jener Krankheiten läßt sich, wenigstens zum Theil, aus der Lebensweise der damaligen Menschen erklären. Es wurde zunächst viel mehr Wein und viel schlechterer, erdreicherer getrunken als gegenwärtig und es wurde auch viel mehr davon gebaut. Die Grenze des Anbaues der Reben, die man zog, um das Getränk „Wein" zu erzielen, lief in der östlichen Hälfte unseres Vaterlandes nördlich bis Mecklenburg und Pommern hinauf. Der bei weitem größte Theil des thüringer Hügellandes, nicht blos an der Saale und Unstrut, war mit

Weinbergen

Weinbergen bedeckt, in jener Zeit, da der mansfelder Chronist Cyriacus Spangenberg schrieb:

Döringen, du bist ein fein gut Land,
Wer dich mit Ernsten thut meine,
Du giebst uns des Kornes und Weines so viel
Und bist doch ein Ländlein so kleine.

Dabei war die Kost, oder „Essenspeis" wie man damals sagte, viel schwerer verdaulich und blähender. Die Kartoffel war noch unbekannt und wurde wesentlich durch Hülsenfrüchte ersetzt, auch wurden ganz andere Quantitäten Käse in viel roherer Qualität konsumirt als gegenwärtig. Hautkrankheiten konnten sich außerdem bei der viel geringeren Reinlichkeit der in winkligen Häusern und engen unsaubern Straßen dicht zusammengepferchten Menge weit besser entwickeln und von Person auf Person übertragen. Die Augenleiden mögen allerdings durch räucherige Zimmer und mangelhafte Beleuchtung mitverursacht worden sein, aber der Hauptgrund ihrer Häufigkeit ist wohl darin zu suchen, daß man ihre unbedeutenden, kleinen Anfänge übersah und erst an ihre Behandlung dachte, wenn es fast oder ganz zu spät war. Sehr merkwürdig und für mich unerklärlich bleibt die Thatsache, daß die Epilepsie weit öfter vorgekommen sein muß wie gegenwärtig, wo auf 49½ Million Einwohner in Deutschland 10000 Epileptische kommen. Auch aus den zahlreichen Namen, mit denen jenes unheimliche Leiden in alter Zeit belegt wurde, läßt sich wohl nicht mit Unrecht auf dessen große Verbreitung schließen.

Ein weiterer Schluß, den wir aus der Beschaffenheit und den Bestandtheilen der alten materia medica ziehen können, ist der, daß die Menschen damals eine

eine viel größere Angst vor Vergiftungen gehabt haben müssen als heutzutage. Ich bezweifle, daß gegenwärtig unter 100000 Deutschen mehr als allerhöchstens ein Einziger ist, der nur an die Möglichkeit denkt, er könnte vergiftet werden. Wahrscheinlich wird die Gefahr einer Vergiftung durch einen Anderen früher auch nicht größer gewesen sein als jetzt, aber die Leute waren weit befangener. Eine jede Vergiftungsgeschichte wurde gelaubt, ungewöhnliche Krankheiten, über deren Wesen man sich nicht klar war und deren Ursache man durchaus nicht finden konnte, galten für Folgen von Vergiftungen. Nun, — trichiniöse Schweine wird es unzweifelhaft schon seit Jahrhunderten gegeben haben. Allerdings mögen gewisse Arten von Vergiftungen, d. h. in unserem modernen Sinne, nicht in dem der Alten, häufiger gewesen sein als jetzt. Es läßt sich wohl denken, daß bei den mangelhaften Konservirungsmethoden damaliger Zeit Wurst-, Käse- und Fleischgifte weit verbreiteter waren und das bischen Kontrolle, dem die Metzger mit ihrem Fleische unterworfen waren, stand auch mehr auf dem Papier. Und die Trinkwasserverhältnisse erst! daß hier eine große Gefahr lag, scheint das Volk seit Alters wohl erkannt oder geahnt zu haben, da es aber natürlich den wahren Grund nicht finden konnte, verfiel es dem Wahn und man machte die armen Juden für das verantwortlich, was man hauptsächlich selbst unbewußt verschuldet hatte und der Natur der Sache nach hatte verschulden müssen. Auch die zahlreichen Palliativmittel gegen Gift, deren man sich bediente, sind erklärlich, einmal durch das eben Entwickelte, dann aber auch dadurch, daß man ziemlich oder ganz harmlose Geschöpfe, Kröten, Salamander,

Spinnen

Spinnen u. a. m. für höchst giftige, äußerst gefährliche Feinde des Menschen ansah. —

Gewiß, — es ist ein ungeheuerer Wust unsinnigsten Aberglaubens in der alten materia medica, aber für uninteressant halte ich ihr Studium nicht. Das veranlaßte die Veröffentlichung dieser unbedeutenden, kulturhistorisch-medizinischen Skizze. Freilich ist es ein Vorurtheil, wenn man meint, was Einen selbst interessire, müsse nun auch gleich Andern gefallen. Aus diesem Vorurtheil sind indessen sehr viele Bücher und Büchlein hervorgegangen und haben doch ihre, wenn auch nur kleine Gemeinde gefunden und darum:

„Ich habs gewagt!"

Litteratur.

Außer dem Werken des Dioskorides, Celsius, Galenus und Plinius wurden folgende Bücher benutzt:

Abdruck deß Halberstädtischen Apotheken-Taxes, Leipzig 1607.

Alberti, M. pres. Ch. L. Hochstetter resp. de remediis morborum superstitiosis. Halle 1737.

Arzeneyen-Taxe für die Königl. sächs. Lande. Dresden 1823.

Baldus Angelus, de admirabili viperae natura, Hagae Comitis 1660.

Bechstein, J. M. Gemeinnützige Naturgeschichte Deutschlands. 4 B. Leipzig 1801.

Bekanntmachung des specifiquen Mittels wider den tollen Hundebiß, welches Sr. Königl. Majestät zum

zum allgemeinen Besten vom Besitzer erkaufen, untersuchen und dessen Gebrauch in vorkommenden Fällen dem medizinischen Collegio und dem gesammten Publiko empfehlen lassen, durch höchstderoselben Obercollegium Medicum Berlin 1777.

Bergen, C. A. von, preas. Ch. M. Brückner resp. de dentibus etc. Hippopotami. Frankfurt a/Oder 1747.

Brandt, J. T. und J. T. C. Ratzeburg, medizinische Zoologie, 2 B. Berlin 1829.

Bredtschneider, F. J. de lacte ejusque usu, Wien 1769.

Camerarius, R. J. praes. J. J. Straskircher, resp. de lapidum figuratorum usu medico. Tübingen 1718.

Camerarius, R. J. praes. W. G. Gmelin resp. de Theriaca, Tübingen 1720.

Carl, J. S. Zeugnuß von chymischer Storgerey, Frankfurt und Leipzig 1733.

Catalogus aller Galenischer und chymischer Artzeneyen die in J. Churf. Durchl. zu Sachssen Hof-Apotheke in Dresden et. c. praeparirt werden. Dresden 1652.

Catalogus et valor medicament. simpl. et compos. in officinis Hafniensibus prostantium, Kopenhagen 1672.

Catalogus medicament. et. caet. das ist: Verzeichnis Aller einfachen und zubereiteten Artzeneyen, welche auff eines Edlen, Ehrenfesten, Hochweisen Rathes dero Käyserl. Freyen Reichsstadt Bremen Apotheken gefunden und offentlich verkaufft werden. Bremen 1665.

Catalogus oder Register aller Apoteckischen Simplicien und Compositen, so in den beiden Messen, zu Frankfurt

Frankfurt am Mayn u. s. w. verkauft werden. Frankfurt 1582.

Dale, S. Pharmacologia, seu manuductio ad materiam medicam. London 1693.

Danziger, L. de therapia magica. Berlin 1845.

de Pre, J. T. praes. J. Ch. Teutscher resp. de usu et abusu amuletorum. Erfurt 1720.

Des Hochwürdigsten, Durchlauchtigsten, hochgebornen Fürsten und Herrn, Herrn Augusti etc. Apothecken-Ordnung Sambt der Wahren vnd Artzeneyen Taxa etc. Halle. Halle 1643.

Der h. Reichs-Statt Ulm erneuwerter Tax aller Artzeneyen. Ulm 1649.

Detmoldt, J. Herz. de balneo animali. Goettingen 1797.

Dispensarium regium et electorale Borusso-Brandenburgicum. Berlin 1734 edit. post. 1744.

Dunwaldt, D. H. admiranda salivae humanae in sanitatis conservatione et morborum curatione. Erfurt 1716.

E. E. und Hochweisen Rathes der Stadt Leipzig aufgerichtete und von Churf. Durchl. zu Sachsen gnädigst confirmirte Ordnung und Taxa. Leipzig 1669.

Ettmüller, M. cerebrum orcae vulgari supposititia Spermatis Ceti Larva de velatum, Leipzig, 1678.

Fikentscher, L. das Hyraceum. Erlangen 1851.

Forke, J. J. W. de vermibus medicatis. Goettingen 1776.

Forsten, R. Dissert. med. cantharidum hist. nat. chem. et med. exhibens. Leiden 1775.

Frank

Frank, G. de alapis sive colaphis, von Maulschellen und Ohrfeigen. Halle 1674.

Frank, G. praes. I. D. Hoffstad resp. de theriaca coelesti, Wittenberg 1691.

Fürstliche Sachsen-Weimar- und Eisenachische neu revidirte Apotheken Taxe. Weimar 1779.

Gart der Gesundtheyt. Frankfurt a. Main 1556.

Geelhausen, J. J. pr. Beer, J. A. resp. de usu lactis medico. Prag 1734.

Gehne, Fr. Ueber die Canthariden, Würzburg 1827.

Geßner, C., Fischbuch, das ist ausführlicher Beschreibung u. s. w. Uebers. von Forrer. Frankfurt a. M. 1598.

Geßner, K. Schlangenbuch u. s. w. Uebers. von * *, Zürich 1589.

Geßner, C. Thierbuch u. s. w. Uebers. von Forrer, Heidelberg 1606.

Geßner, C. Vogelbuch u. s. w. Uebers. von Haußlein. Frankfurt a. M. 1600.

Geyer, J. D. Apollini sacer, continens trigam medicam ex regno animali, minerali et vegetabili, Frankfurt 1677.

Geyer, J. D. Schediasma de montibus conchiferis ac glossopteris alzeiensibus, Frankfurt u. Leipzig 1687.

Grass, J. Ph. de Lacerta agili, Helmstädt 1788.

Guericke, E. Th. de moscho, Erfurt 1776.

Hartmann, P. J. Praes. C. Th. Sommer resp. medicamentum

camentum quoddam Swietenianum, lapides nempe cancrorum vino intritos. Frankfurt a/Oder 1787.

Hartmann von Aue, der arme Heinrich, übers. v. K. Simrock. Berlin 1830.

Henninger, J. S. Pr. J. Ph. Elvert resp. disputatio medica sistens millepedes. Strassburg 1711.

Hermann, J, praes. J. T. Schweighaeuser resp. amphibiorum virtutis medicatae defensio continuata scinci maxime historiam exhibens. Strassburg 1789.

Hermann, J. praes. I. G. Schneiter resp. amphibiorum virtutis medicatae defensio inchoata. Strassburg 1787.

Heusinger, C. T. de antiquitatibus Castorei et Moschi, Marburg 1852.

Hilscher, S. P. praes. A. Tilemann gen. Schenk resp. de castorei natura, Jena 1741.

Hoffmann, Fr. praes. J. A. Ph. Burggraff resp. de mirabili lactis asinini in medendo usu. Halle 1725.

Hueber, G. L. pr. G. J. Gross resp. de margaritis earumque virtute medica. Würzburg 1744.

Heuber, J. H. pr. Z. C. Cardilucius resp. Mithridates, Wittenberg 1700.

Jacobi, L. T. praes. J. Chr. Grubelius resp. de margaritis, Erfurt 1608.

Juch, H. P. pres. T. E. Weinknecht resp. de lumbricis terrestribus. Erfurt 1742.

Junker, J. praes. C. J. Kutzschin resp. de viperarum usu medico. Halle, 1744.

Kaltschmidt, C. F. praes. J. F. Hufeland resp. de bilis interno et externo usu. Jena 1752.

Kenel

Kenel Dygbi, Eröffnung unterschiedlicher Heimlichkeiten der Natur, Ratzeburg 1718.

Kent, Gräfin, Ein auserlesenes Hand-Büchlein, oder rare und sonderbahre Artzeneyen. Uebers. v. J. C. Grimm, Leipzig 1700.

Königl. preuß. und churf. brandenburg. Medicinaltaxa. Berlin 1749.

Krause, C. Ch., de amuletis medicis cogitata nonnulla. Leipzig, 1758.

Kurtze, Nohtwendige Ordnung und Raht, auch Verzeichniß und Taxa der Artzeneyen, welche wider die jetzto gifftige und geschwinde grassirende Pest in den Apoteken allhiero zum Besten gestellet, Helmstädt 1609.

Layard, Versuche über den tollen Hundsbiß, n. d. Englischen. Leipzig 1778

Lehmann, J. Ch. Catalogus insectorum coleopterorum medicatorum. Göttingen, 1796.

Lemery, N. Dictionaire ou traité universelle des drogues simples. 3 édit. Amsterdam 1716.

Lemnius, Levin. occulta naturae miracula, das ist wunderbarliche Geheimnisse der Natur, herausgeg. v. J. Horst Frankfurt und Hamburg 1672.

le Viseur, O. E. G. de lactis usu therapeutica historica nonnulla, Berlin 1858.

Linck, J. W., de coccionellae natura, viribus et usu. Leipzig 1787.

Loeselius, J. Theriacum Andromachi a Christophoro Meyero Pharmacopoeo confectam, Königsberg, 1654.

Ludolff, H. pr. Troeger J. A. resp. de lacte. Erfurt 1724.

Ludolff, H. praes., S. A. Tresselt, resp. de olei animalis faciliori praeparatione, Erfurt 1748.

Ludwig, Ch. T. praes. A. F. Uhle resp. de spongia marina, Leipzig, 1819.

Manchart, B. D. praes. Ch. L. Reinhardt resp. Oleum animale Dippelii. Tübingen 1745.

Mayer, L. C. Prodromus de medicamentorum viperinorum usu. Altdorf 1694.

Medicinische Anweisung wegen der tollen Hundswuth: Welcher eine Vorschrift für die Dorfbarbierer und des Herzogl. Würtemberg. General-Rescript, die Policey-Anstalt betreffend, beigefügt ist, mit einer ausgemalten Kupfertafel. Stuttgart und Tübingen 1782.

Meltzer, Ch. D. praes. J. H. Stein resp. de coralliis, Königsberg 1728.

Merклein, G. A. Neu ausgefertigtes historisch-medizinisches Thierbuch. Nürnberg 1696.

Momber, A. praes. Gladbach, J. A. resp. de mumiis, Helmstädt 1735.

Oettinger, F. Ch. praes. Ch. F. Reus resp. de lacte caprillo. Tübingen 1769.

Oettinger, F. Ch. praes. Th. C. Ch. Stohr resp. de curis viperinis. Tübingen 1768.

Ortus sanitatis, s. l. et a. Incunabel der Leipziger Universitäts-Bibliothek. Nach Ebert die erste, nach Haine die zweite Ausgabe.

Quedlinburgica officina pharmaceutica. Quedlinburg 1665.

Pansa, M. Ein hochnützlicher Tractatus von viererley

viererley weitberühmten Antidotis, Halle a|S. 1619.

Pansa, M. Pharmacotheca publica et privata, das ist Statt-, Hoff- und Haus-Apotheke. Leipzig 1622.

Paracelsi, Ph. Th. ab Hohenheim, Archidoxa. München 1570.

Paulini, Tab. de viperis in trochiscorum apparatu. Venedig 1604.

Paulini, K. F. Neu-vermehrte heylsame Dreck-Apotheke. Frankfurt a/Main 1713.

Pharmacopoea Augustana, auspiciis amplissimi senatus. Wien 1640.

Pharmacopoia Augustana renovata. Wien 1734.

Pharmacopoeia Londinensis Collegarum. London 1662.

Primerosius, J. de vulgi erroribus in medicina. Rotterdam 1658.

Reichert, C. exercitatio de amuletis. Strassburg 1676.

Reformation: oder Erneuerte Ordnung des h. Reichs Statt Schwäbischen Hall sampt angehängtem Tax. Schwäb. Hall 1651.

Reformatio vnd ernuwerte Ordnung der Apothecken in des heiligen ReichsFreystadt Wormbs, Frankfurt a/M. 1609.

Reinick, G. G. De moscho naturali et artefacto. Jena 1784.

Richter, G. G. de balneo imprimius animali. Goettingen 1748.

Rolfink

Rolfink, W. pr. J. B. Schmidt resp. de lapide Bezoar, Jena 1665.

Römer, J. J. Ueber den Nutzen und Gebrauch der Eidechsen u. s. w. Leipzig 1788.

Ruland, J. D. Pharmacopoea nova in qua reposita sunt stercora et urinae. Nürnberg, 1644.

Ryff, W. Ein wohlgegründetes, nutzliches und heilsam Handtbüchlein, gemeyner Practick der gantzen Leibartzeney. Straßburg 1541.

Santis Ardoyni, de venenis. Basel 1562.

Schenk, J. Th. pr. Schroeck L. resp. de moscho, Halle 1667.

Schröder, J. trefflich=versehene Medicin=Chemische Apotheke, oder: Höchstkostbarer Arzeney=Schatz, herausgeg. von J. U. Müller, Nürnberg 1686.

Schulze, J. D., de bile medicina. Goettingen 1775.

Schulze, J. H. praes. J. Ch. T. Berthold resp. de granorum Kermes et coccionellae. Halle 1753.

Schulze, J. H. praes. S. Deublinger resp. de cancrorum fluviatilium usu medico. Halle 1735.

Schulze, J. H. pr. G. B. Hendewerk resp. de mumia, Halle 1737.

Schulze, J. H. praes. Ch. A. Mayer resp. de viperarum usu medico. Altdorf 1727.

Schröck, T. historia moschi. Augsburg 1682.

Sechs Bücher außerlesener Artzney vnd Kunststück, fast von allen menschlichen Leibes Gebrechen und Kranckheiten. Leipzig, 1616.

Slevoigt, J. H. de lapide bezoar. Jena 1706.

Slevogt,

Slevogt, J. H. de sympathetica morborum curatione mediante urina. Jena 1704.

Stahl, G. E. pres. J. Ch. Fritschius resp. de lumbricis terrestribus eorumque usu medico. Halae 1698.

Stahl, G. E. praes. L. A. Labach, resp. de lapide manati, Halle 1699.

Stenzel, Ch. G. pr. G. D. Müller resp. de bezoardicorum emolumento et detrimento. Wittenberg 1735.

Stephanus Marcellus Austrius, De Mithridatio et Theriaca Johannis Jessenii Disputatio, Wittenberg 1598.

Storr, G. C. Pr. Gros, B. T. resp. de moscho, Tübingen 1790.

Taxa oder wirderung aller Materialien, so in der Apothecken zu Wittenberg verkaufft werden. Wittenberg 1599.

Trinckhausen, G. praes. I. Geinitz resp. de curatione regum per contactum. Jena 1667.

Unterricht gegen den tollen Hundsbiß und dessen Folgen, von den Physicis in Frankfurt a/M. 1780.

Valentin, M. B. historia simplicium reformata, Frankfurt a/M. 1716.

Valentin, M. B. praes. J. E. Valentin resp. confectio alkermes. Giessen 1725.

Valentin, M. B. praes. H. Vogel resp. de lapide porcino, Giessen 1699.

Vater, A. praes. H. I. Burchard resp. Olei animalis vires. Wittenberg 1725.

Vater,

Vater, Chr. Praes. G. Ch. Leisner rspe. de coralliorum natura, Wittenberg 1735.

Vest, J. praes. M. T. Schneider resp. de Hercule medico, eommuniter dicto sperma ceti. Erfurt 1701.

Vest, Justus, pr. Ch. W. Vesti resp. de lapide bezoardico orientali. Erfurt 1707.

Vogel, R. C. praes. I. E. Wichmann resp. de insigni venenorum quorundam virtute medica, imprimisque Chantharidum ad morbum rhabidorum praestantis. Goettingen 1762.

Waldung, W. Lagographia. Natura leporum, Amberg 1619.

Wedel, G. W. praes. I. D. Ehrhard, resp. de tinctura bezoardica. Jena 1698.

Wedel, G. W. praes. Ph. G. Rosa resp. de Theriaca coelesti, Jena 1703.

Weinlig, Ch. G. Index singul. tam simpl. quam compos. etc. Dresdae. Friedrichsstadt 1761.

Werner, J. B. de moscho, Goettingen 1784.

Wolfsohn, Meyer, de lacte et sero lactis, Berlin 1854.

Wolph, L. de Scorpione, kurtze Beschreibung des Skorpions (nach Geßner). Zürich 1589.